北京印刷学院学科建设（专业学位联合研究生培养基地建设项目）
资金资助出版（项目编号：21090121014）

北京地区图书对外版权输出研究

陈凤兰　王　珺◎著

知识产权出版社
全国百佳图书出版单位
—北京—

图书在版编目（CIP）数据

北京地区图书对外版权输出研究 / 陈凤兰，王珺著 . —北京：知识产权出版社，2021.4

ISBN 978-7-5130-7497-1

Ⅰ . ①北… Ⅱ . ①陈…②王… Ⅲ . ①出版物—版权—输出—研究—北京 Ⅳ . ① G239.26

中国版本图书馆 CIP 数据核字（2021）第 066956 号

内容简介

北京作为全国的政治、文化和国际交往中心，拥有丰富的文化资源，是我国开展对外文化交流的主要舞台。随着我国对外开放逐步深入，北京地区的国际版权贸易大幅度增加，成为国际文化、科技交流的重要内容，图书版权输出也成为"讲好中国故事"、传播中华文化的重要途径。然而，北京地区图书版权贸易尤其是图书版权输出方面还存在诸多问题，如何应对这些问题，促进图书版权输出工作、提升传播效果是本书研究的核心内容。

本书适合高校相关专业师生及出版行业从业人员阅读与参考。

责任编辑：张雪梅　　　　　　　责任印制：孙婷婷

北京地区图书对外版权输出研究
BEIJING DIQU TUSHU DUIWAI BANQUAN SHUCHU YANJIU

陈凤兰　王　珺　著

出版发行：知识产权出版社 有限责任公司		网　　址：http://www.ipph.cn	
电　　话：010-82004826		http://www.laichushu.com	
社　　址：北京市海淀区气象路 50 号院		邮　　编：100081	
责编电话：010-82000860 转 8171		责编邮箱：laichushu@cnipr.com	
发行电话：010-82000860 转 8101		发行传真：010-82000893	
印　　刷：北京中献拓方科技发展有限公司		经　　销：各大网上书店、新华书店及相关专业书店
开　　本：720mm×1000mm　1/16		印　　张：8.25	
版　　次：2021 年 4 月第 1 版		印　　次：2021 年 4 月第 1 次印刷	
字　　数：110 千字		定　　价：59.00 元	

ISBN 978-7-5130-7497-1

出版权专有　侵权必究

如有印装质量问题，本社负责调换。

前 言

面对文化传播不平衡的现状，承载中华文化的中文图书应肩负起对外传播中国文化、维护中国文化安全的使命。因此，研究图书版权对外输出策略意义深远。国家对版权贸易尤其是图书版权输出空前重视，制定并实施了一系列推广与扶持的政策和措施。北京市政府积极贯彻国家大力提倡的出版"走出去""讲好中国故事"战略方针，并取得了一些成绩，但效果与影响力还有待进一步提高。据统计，"十二五"期间我国图书版权贸易在版权贸易中占有90%以上的比例，而北京地区版权贸易的97.4%为图书版权贸易，其中图书版权引进占全国总量的55%，图书版权输出占48%。可见，图书版权贸易及北京地区的图书版权贸易在中外文化交流中起着举足轻重的作用。《北京市"十三五"时期新闻出版业发展规划》指出，要"逐步把北京打造成全国版权创新的核心区、版权贸易的集聚区、版权运用的先行区、版权管理的示范区、版权服务的模范区"。可以说，版权贸易将成为首都经济和文化创意产业发展的组成部分，也是传播中国文化的重要手段。

笔者分析国内图书版权贸易的相关研究发现，从跨文化传播理论视角探讨图书对外版权输出策略的研究并不多见，现有的研究多是关于版权许可基本技能的实务性探讨，基于跨文化传播视角探讨版权贸易的研究较少。因国情不同，国内的出版企业经营活动紧紧围绕国家发展战略，走国际化发展道路。他们积极开展图书版权贸易，致力于为开展版权输出业务搭建各种平台。相关研究在这种特定背景下应运而生。目前的基于跨文化传播理论研究版权输出问题的方法还存在一些不足，如宏观观察多，微观考察少，偏重思辨，缺乏实证调查，研究方法单一，缺乏量化和实证型分析。

本书的研究基于跨文化传播理论，采用定量与定性相结合的分析方法，针对目前北京地区图书版权对外输出存在的问题提出应对措施。研究使用的数据采集自课题组的调查、中华人民共和国国家版权局、北京市新闻出版广电总局（北京市版权局）及中国新闻出版研究院公布的相关数据。研究对象包括央属和市属两级北京地区出版企业的图书版权贸易、版权输出业务及管理行为。研究的意义在于：将图书版权输出的文化属性及文化传播功能纳入跨文化传播的理论框架，研究北京地区图书版权输出对外文化传播效果；结合调查采集的数据，分析图书版权输出存在的问题，提出应对策略，为促进北京地区出版企业对外版权输出工作、提高对外文化传播能力提供参考依据。

本书中的研究得到了北京印刷学院新闻出版学院2018级研究生姜旭同学和于雅婷同学的大力支持，她们在相关案例的收集与整理方面投入了宝贵的时间和精力，在此表示由衷的感谢。

限于笔者水平，书中不足之处在所难免，恳请读者批评指正。

目 录

第一章 北京地区对外版权输出总体情况 ·· 1

 一、北京地区图书对外版权输出发展概况 ·· 1

  （一）北京地区图书对外版权输出的体量规模 ·· 1

  （二）北京地区图书对外版权输出的地缘特征 ·· 2

  （三）北京地区图书对外版权输出的主题类型 ·· 3

 二、北京地区图书对外版权输出发展趋势 ·· 4

  （一）图书版权输出最新发展情况 ·· 4

  （二）版权输出的形式与途径更加多样化 ·· 11

  （三）图书版权贸易成为出版企业重要的出版活动 ······························ 16

  （四）版权代理中介异常活跃 ·· 18

 三、结语 ·· 20

第二章 北京地区图书对外版权输出典型企业和个案 ···································· 22

 一、北京地区图书对外出版典型企业 ·· 22

  （一）中国人民大学出版社 ·· 22

  （二）新世界出版社 ·· 27

  （三）北京大学出版社 ·· 30

  （四）外语教学与研究出版社 ··· 34

  （五）中国大百科全书出版社 ··· 38

  （六）高等教育出版社 ·· 41

（七）人民教育出版社 44
　　（八）生活・读书・新知三联书店 47
　　（九）北京语言大学出版社 50
　　（十）人民文学出版社 54
二、北京地区图书版权输出典型个案 57
　　（一）《羽毛》 57
　　（二）《尘埃落定》 61
　　（三）《解密》 65
　　（四）《我的父亲邓小平："文革"岁月》 68
　　（五）《三体》 71
　　（六）《江边对话》 75
　　（七）《联想风云》 78
　　（八）《水煮三国》 81
　　（九）《汉语900句》 83
　　（十）《大国崛起》 86
三、结语 88

第三章　北京地区图书对外版权输出存在的问题与对策 90
一、北京地区图书对外版权输出的问题 90
　　（一）版权贸易逆差仍然存在 90
　　（二）输出体量、主题种类与地缘范围有限 91
　　（三）语言障碍与文化隔阂 92
　　（四）原创优秀作品匮乏 93
　　（五）输出渠道与推介手段单一 94

（六）版权代理机制不健全 ································· 94

　二、北京地区图书对外版权输出的对策 ··························· 95

　　　（一）图书对外版权贸易 ··································· 95

　　　（二）跨文化传播视域下的图书版权对外输出策略 ············· 98

　三、结语 ··· 104

第四章　北京地区图书版权代理机构的总体情况 ················· 107

　一、北京地区版权代理的作用与发展 ····························· 107

　　　（一）版权代理的作用 ····································· 107

　　　（二）北京地区版权代理的历史与发展 ······················· 111

　二、北京地区图书版权代理机构存在的问题与对策 ················· 113

　　　（一）北京地区版权代理的现状 ····························· 113

　　　（二）北京地区版权代理的对策 ····························· 120

　三、结语 ··· 122

参考文献 ··· 123

第一章 北京地区对外版权输出总体情况

一、北京地区图书对外版权输出发展概况

（一）北京地区图书对外版权输出的体量规模

"十二五"期间，北京地区出版企业进一步推进新闻出版"走出去"战略，积极开展"经典中国"国际出版工程，政府相关管理部门资助外向型优秀图书选题的翻译、出版、推广，以版权输出和出版合作等方式，进一步提高了北京地区出版物出版水平和国际竞争力。各出版社积极实施"借船出海"战略，加强与全球性和区域性大型连锁书店的合作，拓展国际主流营销渠道；整合和巩固现有海外华文出版物营销渠道；积极开拓重要国际网络书店等新型出版物销售渠道，从而构建国际立体营销网络，推动更多的优秀出版物走向世界。根据北京市新闻出版广电局（北京市版权局）公布的数据，北京地区2011—2015年图书版权输出总体呈递增趋势，总量为17692种。五年中由2011年的3096种增至2015年的3840种，除2013年较上一年同期有所下降之外，版权输出量呈上升趋势，成绩斐然（图1.1）。

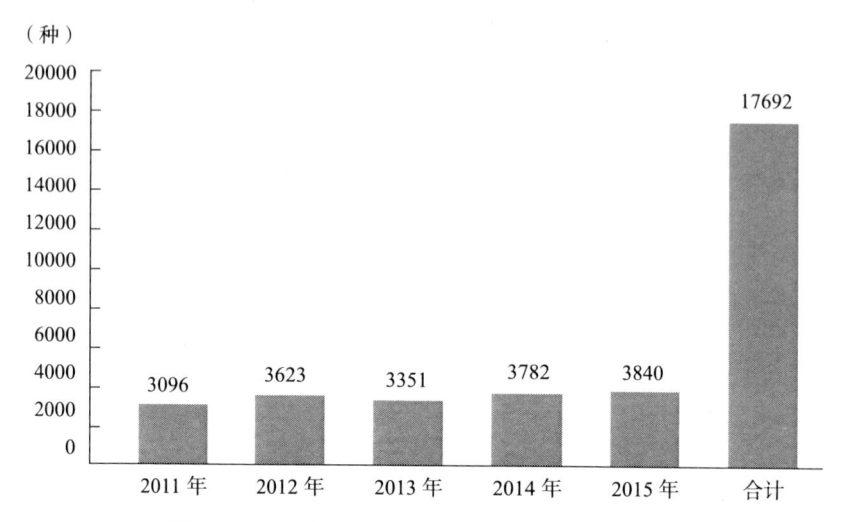

图 1.1　北京地区 2011—2015 年图书版权输出量

注：数据来源于北京市新闻出版广电局官方网站

（二）北京地区图书对外版权输出的地缘特征

调查显示，图书版权的输出目的国家和地区高度集中，美国、英国、我国港澳台地区、日本、德国和韩国位居前 6 位。向我国港澳台地区、美国和英国三地输出图书版权之和为总数的 75%。与过去集中在我国港澳台地区及韩国和日本等地区和亚洲国家相比，图书版权输出地发生了可喜的变化。美、英、德三国位列前 6 名之中，说明近五年的图书版权贸易开始逐步进入西方主流市场。两岸三地出版界的交流越来越活跃，为两岸三地加强版权贸易提供了良好机会。我国台湾和香港地区所占比例有所下降，但仍然是我国版权贸易的重要地区，其地位和作用不可忽视（图 1.2）。

调查还显示，虽然经济发达国家和地区仍是北京地区图书版权主要贸易伙伴与区域，但是版权合作的地域更加广阔。现在，版权合作伙伴除了美国和欧洲几个发达国家之外，北京地区出版机构与北欧如瑞典、丹麦、挪威、芬兰，东北亚如俄罗斯、白俄罗斯，南美洲如巴西、阿根廷，伊斯兰国家如

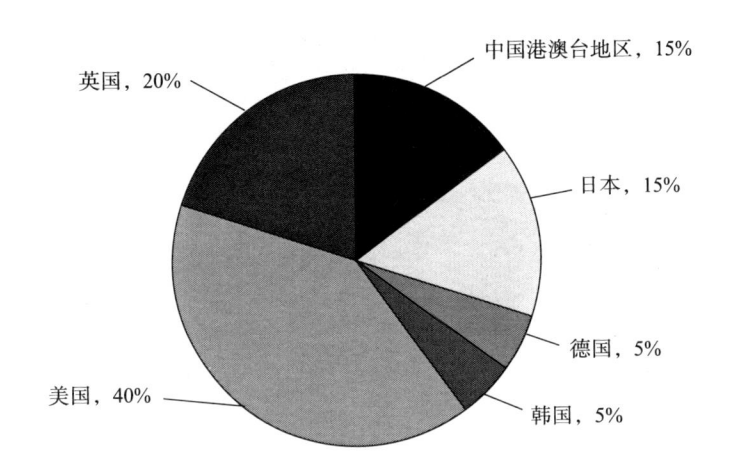

土耳其、埃及、马来西亚等国家的合作开始逐渐增多。

图 1.2　图书版权输出目的国家与地区所占比例

（三）北京地区图书对外版权输出的主题类型

数据统计显示，输出的图书种类主要集中在科技、语言文字、少儿、社科及文化艺术类。其中，科技类在图书版权输出中所占比例最大，为21%；其次为语言文字类，占20%；再次为少儿类，占17%；历史地理类只占2%，占比最少（图1.3）。科技类图书的不俗表现说明世界渴望了解中国科学与技术最新发展情况。同时，随着课本和教辅类图书的大量输出，学习汉语的人越来越多，汉语教学遍布世界多个国家与地区。汉语言教材与教辅类图书的对外输出极大地带动了中国文化快速走出国门，在向世界"讲好中国故事"中发挥着重要作用。

调查发现，北京地区出版社与国外出版机构的合作开始由过去单纯的纸介图书版权合作发展为现在的全媒体、全版权或多版权的合作，从图书版权发展到数字版权、品牌授权及周边衍生品的合作。

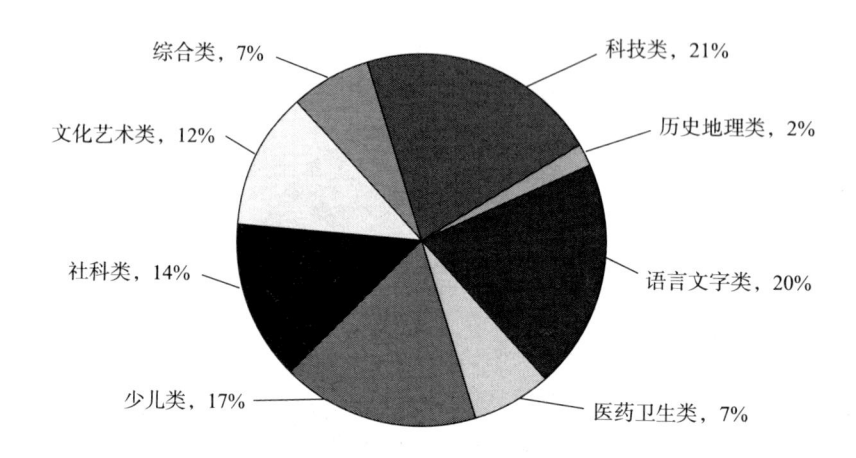

图 1.3　图书版权输出主题类型及比重

二、北京地区图书对外版权输出发展趋势

（一）图书版权输出最新发展情况

近年来北京地区版权输出的体量、主题与地缘均发生了较大变化，反映当代经济、政治、文化、社会发展进步的图书成为版权贸易的主体。此外，版权贸易的区域、语种、结构不断优化。在与东南亚、南亚国家保持版权贸易密集往来的基础上，与阿拉伯、中东欧国家版权贸易的规模、内容的质量不断提升。

1. 图书版权输出体量增加，北京地域优势明显，央属出版集团雄踞榜首

截至 2017 年年底，北京地区共有图书出版单位 238 家（包括副牌社 19

家），占全国的40.75%，其中，中央级出版社219家（包括副牌社13家），北京市属图书出版单位19家（包括副牌社6家）。近年来，这些出版企业版权贸易业务异常活跃，中国人民大学出版社（简称人大社）、中信出版社（简称中信社）、中国少年儿童新闻出版总社（简称中少总社）、高等教育出版社（简称高教社）及机械工业出版社业绩显著，图书版权输出量分别占北京地区输出总量的4%~6%及以上（图1.4）。

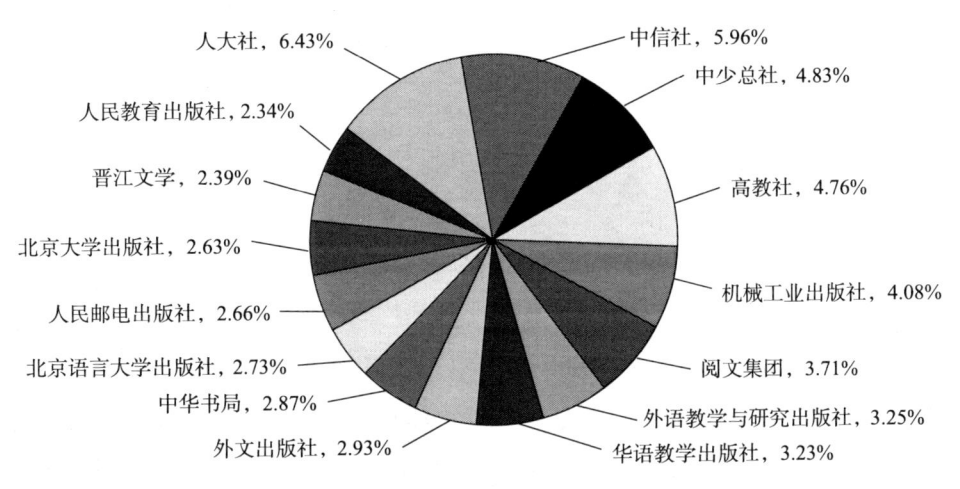

图1.4　版权输出比例排前十五位的出版单位

注：数据来源于中国新闻出版研究院2017年全国出版单位版权输出统计数据

由版权贸易创造的经济价值也逐年增长。北京版权蓝皮书（《北京版权发展年度报告（2016—2017）》）显示，2016年北京市版权产业占地区生产总值的比重达8%。2016年，北京共输出版权5347种，占全国的48.03%，与上一年相比，版权输出数量增长15.21%。图书的版权输出在各项出版物输出中独占鳌头（表1.1、表1.2）。

表 1.1 2016 年北京地区图书版权贸易情况

项目	版权引进（种）	版权输出（种）
合计	10185	5347
图书	9994	4058

注：数据来源于北京市新闻出版广电局官网。

表 1.2 2015 年与 2016 年北京地区版权贸易情况对比

项目	2015 年	2016 年	涨幅（%）
版权引进（种）	5578	10185	82.6
版权输出（种）	4641	5347	15.2

注：数据来源于北京市新闻出版广电局官网。

2017 年北京版权输出超过 6600 种，稳居全国版权输出总量的榜首，版权输出呈现的特点之一就是版权输出主要集中在五家出版集团。中国出版集团、中国国际出版集团、中国教育出版传媒集团有限公司、中国科技出版传媒股份有限公司及北京出版集团这五家出版集团的输出量占到了北京地区总输出量的 1/3 以上，合计 37.81%。五家出版集团中，中国出版集团占集团输出总量的 1/2。图书版权输出排名全国前十的出版集团（公司）见表 1.3，北京地区五家出版集团占北京版权输出总量百分比如图 1.5 所示。

表 1.3 图书版权输出排名全国前十的出版集团

序号	机构名称	输出占比
1	中国出版集团	10.31%
2	中国国际出版集团	5.98%
3	中国教育出版传媒集团有限公司	4.38%
4	山东出版集团有限公司	3.90%

续表

序号	机构名称	输出占比
5	凤凰出版传媒集团	3.68%
6	上海世纪出版（集团）有限公司	3.11%
7	浙江出版联合集团	3.01%
8	中文天地出版传媒集团股份有限公司	2.61%
9	中南出版传媒集团	2.56%
10	南方出版传媒股份有限公司	2.45%

注：数据来源于中国新闻出版研究院调查数据。

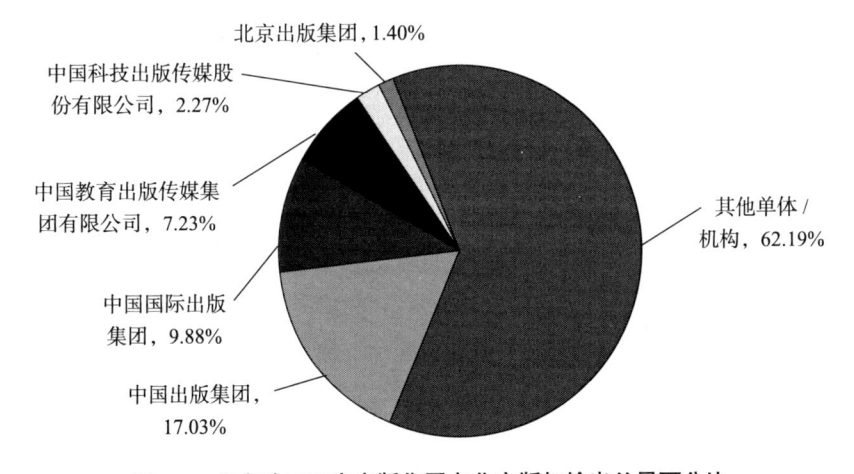

图 1.5　北京地区五家出版集团占北京版权输出总量百分比

注：数据来源于中国新闻出版研究院调查数据

总体上看，有较强图书版权输出能力的单体出版社/机构集中在北京及沿海地带。年版权输出量排名前十的单体出版社/机构中，在京单位有8家，版权输出之和占全国总量的20.04%。其中，人大社和中信社的版权输出数量占全国总量的百分比皆超过3%，紧随其后的是中少总社和机械工业出版社，其版权输出数量占全国总量的百分比均超过2%，中少总社占比接近3%，外语教学与研究出版社（简称外研社）、北京语言大学出版社（简称北语社）和人民邮电出版社则分别为1.65%和1.61%（表1.4）。

表1.4 图书版权输出排名全国前十的单体出版社（公司）

序号	机构名称	输出占比
1	人大社	3.90%
2	大龙树（厦门）文化传媒有限公司	3.84%
3	中信社	3.60%
4	中少总社	2.92%
5	机械工业出版社	2.47%
6	广西师范大学出版社	2.43%
7	阅文集团	2.24%
8	外研社	1.65%
9	北语社	1.65%
10	人民邮电出版社	1.61%

注：数据来源于中国新闻出版研究院调查数据。

2."一带一路"沿线国家成为输出重点，周边亚洲国家和地区、美国等发达国家仍为主要输出地

我国港台地区、东南亚国家仍是主要版权输出目的地，但是美、德、英、法、俄罗斯等国引进中文图书份额增加，图书出版物逐渐向西方主流市场渗透。

与2016年相比，2017年北京地区图书版权输出比例排名前十的国家和地区虽依旧集中在中国台湾地区和东南亚国家，但是美国、英国、德国三国的输出量均位居前十，且三国输出比例之和涨幅较大（表1.5、表1.6）。

表1.5 2016年北京地区版权输出比例排名前十的国家和地区

序号	国家和地区	输出比例
1	中国台湾地区	14.38%
2	韩国	6.1%
3	中国香港地区	6%
4	俄罗斯	4.8%
5	美国	3.91%
6	英国	3.2%
7	德国	3.14%
8	日本	2.6%
9	新加坡	2.23%
10	法国	1.46%

注：数据来源于中国新闻出版研究院调查数据。

表1.6 2017年北京地区版权输出比例排名前十的国家和地区

序号	国家和地区	输出比例
1	中国台湾地区	15.50%
2	美国	9.99%
3	越南	6.28%
4	印度	4.47%
5	韩国	4.37%
6	德国	4.14%
7	英国	3.95%
8	黎巴嫩	3.23%
9	中国香港地区	3.18%
10	泰国	2.75%

注：数据来源于中国新闻出版研究院调查数据。

对越南、泰国、印度尼西亚、印度、尼泊尔、吉尔吉斯斯坦、阿拉伯联合酋长国（以下简称阿联酋）、黎巴嫩、埃及等"一带一路"沿线国家版权输出增长较快，表现抢眼，成为图书版权输出重点国家。北京地区2017年版权输出重点语种集中在"一带一路"国家的部分语种，阿拉伯语、越南语、泰语、俄语、吉尔吉斯语五个语种的输出比例达到了24.42%。其中，阿拉伯语版权输出量最大，占比为7.43%，成为排在英语和繁体中文之后的第三大输出语种（图1.6）。

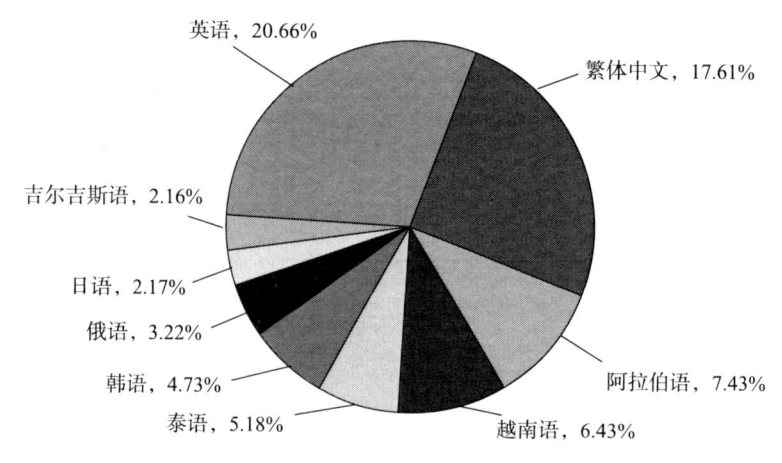

图1.6 输出比例排名前十的语种

注：数据来源于中国新闻出版研究院调查数据

3. 文学与文化类为主，少儿类版权输出异常活跃，成为主题类型新变化

从输出品种看，与以前图书版权输出的品种集中在中国传统文化领域，如古籍、绘画、书法、中医药类版权等方面相比，2017年北京地区出版单位向其他国家和地区输出少儿类图书版权较多，超过全国输出总量的15%，文学类和传统文化类产品的输出量占全国输出总量百分比也均已超过10%，这

三种输出类型在全国输出总量中占比超过44%。同时,随着课本和教辅类图书的大量输出,学习汉语的人越来越多,带动了中国文化快速走出国门,促进了中外文化交流。相对来说,政治类、历史类、医学类及哲学类产品输出量较少,占全国输出总量百分比均不超过6%(图1.7)。

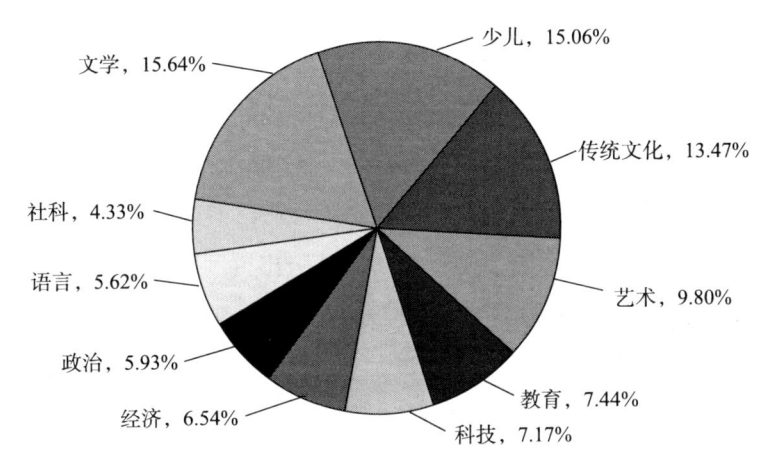

图1.7 输出比例排名前十的图书类别及百分比

(二)版权输出的形式与途径更加多样化

设立海外分支机构并通过收购或兼并国外出版公司等方式打入别国的图书市场、拓展版权输出渠道是英国、美国有实力的出版企业通行的发展战略。例如,英国DK公司在20世纪70年代就树立了为国际市场出版图文书的出版理念,将出版主要定位于国际市场,90年代以后先后在美国、法国、德国和澳大利亚成立了分公司。为开拓中国的图书市场,DK公司在北京设立了办事机构,以加强与中国出版社的版权贸易和合作出版。DK公司针对不同国家的需要,专门设立了中文、韩语、西班牙语、葡萄牙语等十多个不同语种的销售部。

为适应国际化发展趋势，北京市政府相关管理部门出台了《北京市出版产业"走出去"奖励扶持管理办法》，鼓励各种所有制的出版企业通过设立、收购、合作等方式到境外投资兴办实体，参与国际资本运营和出版市场竞争。实施"走出去"战略，促进北京地区版权输出，多种形式的资本"走出去"成为亮点。

1. 设立海外分支机构

近年来北京地区每年输出到国外的版权数量都保持在数千种以上。考虑到中外之间巨大的文化差异和经济差异，能保持这样大的版权输出量是很了不起的，但未来如果仅仅把版权贸易作为"走出去"的主要形式，继续增长的空间就不是很大了，"走出去"需要探索新形式。也就是说，中文出版物海外营销，既要"借船出海"、加强合作、为我所用，更要"造船出海"，掌握主导权。已经先行一步的出版机构将会对我国出版业以资本在全球进行布局提供有益的经验。

北京语言大学出版社（北语社）北美分社——梧桐出版有限公司成立于2011年7月。据该分社负责人介绍，经过6年的发展，目前分社共12人，产品、渠道、人员等基本都按照美国企业的运营方式进行管理，参与市场竞争，2016年实现销售码洋约710万元，已实现盈利，产品销量年均增长率约为30%。作为北语社在北美地区的"桥头堡"，该分社已成功超越众多北美本土出版机构，发展成为北美地区三大中文核心出版机构之一。2015年12月，北京师范大学出版社（简称北师大社）与约旦阿克拉姆出版机构合资成立北师大社约旦分社，搭建中国与阿拉伯国家之间的出版文化交流平台。2016年1月，中国人民大学出版社（人大社）依托特拉维夫大学孔子学院成立了以色列分社。目前，该分社已签下30余本图书版权，并有效带动了人大社在以色列的选题策划和组稿工作。中国社会科学出版社分别于2016年和2017

年设立智利分社和法国分社。考虑到埃及及中东地区其他国家的儿童图书市场发展潜力，接力出版社和埃及智慧宫文化投资出版公司于2015年8月正式签约，双方合资成立接力出版社埃及分社。中东是目前世界上人口出生率较高的地区，儿童图书的需求量很大。但目前埃及的儿童图书70%以上是教材教辅，图画书、儿童文学等大众读物所占比重不到30%，这一点正好和中国市场相反。而且在埃及出版的图书可以行销22个中东国家。接力出版社此举可谓深谋远虑。

于海外设立分支机构的做法在20世纪曾受到国际出版集团的青睐，为占领更广泛的市场，实现利益最大化，大多数出版集团和大型出版社都定位于国际化出版，极力向海外扩张。他们着眼于国际市场，不局限于本国国内的狭小市场范围。这些做法被证明行之有效，因为海外分社更容易把握当地文化，推出适应读者需求的本土化产品。

2. 收购海外优质出版社

出版公司收购外国大型出版公司，这或许是增强竞争力、企业集团化、国际化最简单的方式之一。它可以帮助企业在激烈的市场竞争中获得更强的竞争力，在市场、资源、财力、知识产权等方面实现优势互补，使自己处于主动地位，从事更为自由的市场经济活动。据统计，在海外办社、办报、办刊、办店、办厂的中国出版企业数量从以前的凤毛麟角发展到现在的300多家。[1]

近年来，北京地区出版企业开始将业务向海外扩张。2014年凤凰传媒收购美国PIM公司，成立凤凰国际出版公司。通过并购，凤凰传媒在海外特别是在北美拥有了一个拓展的平台，获得了与迪士尼、沃尔玛、玩具反斗城等国际知名大企业平等交易的权利。2016年4月，新经典文化股份有限公司战

---

[1] 张贺.中国出版大步往外走 图书年输出版权超万种[EB/OL].（2015-05-22）[2019-08-21]. http://media.people.com.cn/n/2015/0522/c40606-27039020.html.

略投资知名法国出版社菲利普·毕基埃出版社（Editions Philippe Picquier），希望将其变为中国作家走向世界的"桥头堡"；同年年底，该公司完成对美国童书出版社凯恩出版社（Kane Press）的收购，进一步巩固了其在全球范围内的影响力。

3. 与国际出版社合作

国际合作出版是国际出版合作的重要途径之一，也是图书版权输出行之有效的方式之一。北京地区出版界一直与国际出版界保持着比较紧密的合作，如人民出版社和美国圣智集团签订意向书，合作出版"中国改革开放四十周年"系列英文图书；《中国大百科全书·机械工程》输出英文版，《中华文明史》系列丛书输出波兰文版。商务印书馆已与150多家海外机构建立了合作关系，实现了"汉语语言学丛书""中国道路丛书""国家治理丛书"等系列图书"走出去"，与海外读者分享中华文明学术成果及现代化发展经验。天地出版社与澳洲心界出版社开展战略合作，不仅输出了最新出版的《温暖的荆棘》《向死而爱》等畅销书在澳洲的英文版权，还将《高腔》这部聚焦精准扶贫、反映当代中国生活的现实主义文学作品进行了版权输出，帮助西方读者了解当代中国。

而随着中国童书的繁荣发展，中国童书也更加积极主动地参与到国际合作中，不再局限于单纯的版权贸易，形式更加丰富多样，合作也更加深入持久。天天出版社的曹文轩图画书国际合作项目"中国种子世界花"创新策划了由中国儿童文学作家曹文轩创作故事、邀请世界各地优秀插画家创作插画的合作方式，至今已与多个国家进行了合作，出版了数本图画书。

通过国际合作出版，能够及时了解国际图书市场的需求和各出版社的选题信息，掌握文化界、教育界、科技界和学术界的发展动向等，从而使图书版权输出有的放矢、精准定位。可以说，国际合作出版极大地促进了图书版权输出工作的健康发展。

4. 数字版权输出初露锋芒

随着经济的高速发展、信息技术和互联网应用水平的持续提高，以及阅读习惯和阅读环境的变化等，数字出版产业迎来了一个高速发展期。依托于网络和信息技术而发展起来的数字出版，其优点十分明显。与传统纸质出版相比，一方面，它具有开放性、即时性、多媒体性等特点，另一方面，它降低了出版的成本，大幅度地减少了传统出版的许多中间环节，使出版产业更加绿色和环保。从美国著名畅销书作家史蒂芬·金的《骑弹飞行》电子书在线率先单独出版，到 J. K. 罗琳 2011 年自建网站销售《哈利·波特》电子书及延伸产品，这一切都表明作者已有条件脱离传统出版社、代理人，甚至到网络平台经营自己的作品和开发自己的版权。这样的改变不仅使传统出版业的边界变得模糊，也使得传统的版权贸易更加多元化与复杂化。

北京地区出版社开始重视数字出版并将其作为重要的出版经营模式。其中，网络文学的输出为中国当代文学对外译介开辟了新的领域，逐步改变了过去外译主要是古典文学名著和现当代文学名家名作的局面，也使许多中国年轻人的作品、网络写手的作品走向世界，受到众多海外读者的欣赏和喜爱，海外电子版权输出初见成效。仅在 2014 年，晋江文学城就向海外输出了 200 部网络文学作品。通过晋江代理出版的中文图书，发行地已囊括中国（包括中国台湾和中国香港地区）及越南、泰国、新加坡等地；日本、美国也对晋江版书籍表现出极大的兴趣。17K 小说网与泰国方面签署了酒徒的小说《家园》的泰文版权合同。2017 年晋江文学版权输出量位居北京地区出版企业前 15 位。

国际出版市场和读者对数字化的中国内容的需求与日俱增。一些大型的出版集团利用已经建立起来的数字产品销售平台，邀请中国的出版社把"中国内容"放在他们的平台上向海外学术机构销售。中国人民大学出版社与圣智学习集团共同合作，精心挑选经典学术内容并将其电子化，放在圣智学习集团的"圣智盖尔电子图书馆"平台中对外销售，范围覆盖全球万余家图书馆。除利用海外数字平台推介中国学术内容之外，中国人民大学出版社语言类工具书的数字版权授权同样为作者和出版社带来了丰厚的经济回报。从2006年起，中国人民大学出版社开始销售《21世纪英汉大词典》的数字版权，该词典数字版权已销售给美国、韩国、新加坡等多个国家的平台开发商、软件供应商和网络服务商，版税收入不菲。

北京地区出版社开始利用互联网打造数字平台与产品，将中国声音、中国故事及时传播到最广大的受众那里，有效地提高了中国图书对外传播的影响力。

（三）图书版权贸易成为出版企业重要的出版活动

据调查，北京地区大多数出版社均开展了图书版权贸易工作。版权贸易业务主要以版权引进为主。在针对出版社整体业务规模与版权贸易开展情况的关系的调查中，笔者发现发行码洋在3亿元以上规模的出版社均重视开展版权贸易业务，发行码洋在1亿~3亿元的出版社中近五成认可版权贸易的重要性。可以说，出版社规模越大，经济实力越强，就越重视版权贸易工作。随着版权贸易对出版社效益贡献率的增长，版权贸易业务在各大出版社经营战略中的重要性也日益凸显，出版社从事版权贸易活动的意识逐步加强。

1. 地区优势

北京市作为全国的政治中心、文化中心、国际交往中心和科技创新中心，在推动新闻出版业"走出去"方面肩负着重要使命，也具有得天独厚的优势。全国500多家出版社，北京有230多家，几乎占全国的一半。北京地区每年著作权登记数量占全国的一半以上。在"走出去"方面，北京出版产业有十分雄厚的基础。

版权贸易的发展得到高度重视，在图书版权贸易领域也占有举足轻重的地位。这无论从出版单位和从业人员数量，还是从版权引进和版权输出总量，抑或从版权产业链整体布局方面均可以看出。北京地区拥有的资源和人才优势使得地区版权贸易总量在全国处于主导地位。北京已经基本成为全国版权贸易中心，版权贸易已成为首都经济发展中一个重要的支撑点，"十二五"期间北京地区版权贸易的97.4%为图书版权贸易，其中图书版权引进占全国总量的55%，图书版权输出占48%。可以说，北京地区版权贸易发展水平总体高于国内其他地区。

2. 政策扶持

北京市新闻出版广电局一直高度重视新闻出版业的"走出去"工作，近年来陆续出台相关扶持政策，推进"走出去"具体工作及项目的实施。

第一，实施"远航工程"。为推进版权贸易均衡发展，扩大中华文化的国际影响力，2005年北京市制定并开始实施"远航工程"，支持优秀作品"走出去"。"远航工程"实施以来，北京市通过举办版权贸易洽谈交流活动、培训版权贸易专业人才、奖励版权输出先进单位和先进个人、开通北京国际版权贸易网和中国版权网、举办版权贸易发展论坛和中国国际版权博览会，以及在境外设立版权贸易展示窗口等一系列政策措施推进版权输出工作，如连续多年开展了北京地区版权贸易"十佳单位""十佳版权经理人""金牌版权经理"及"图书输出版权奖""图书引进版权奖"评选活动等。通过这些工作，北京地区版权引进和输出结构日趋合理，输出目的地更加均衡和多元化，出版单位开拓国际市场的意识和版权输出能力明显增强，逐步扭转了北京地区版权输出贸易逆差扩大的局面，版权输出数量大幅度增加，版权输出结构也得到明显改善，科技、教育作品成为输出主体。

第二，制定《北京市提升出版业传播力奖励扶持专项资金管理办法》（以下简称《办法》）。为发挥首都全国文化中心的示范引领作用，促进出版业"走出去"提质增效，北京市新闻出版广电局充分利用北京作为对外交往中心的地位，以出版媒介为依托，加强国际传播能力建设和对外话语体系建设，2016年制定了《办法》，拨款3000万元支持出版"走出去"。专项资金主要用于对北京市出版业版权输出、境外投资等"走出去"环节的奖励和补贴，以及对各种"走出去"平台建设的支持。

具体扶持范围包括：一是鼓励和支持国有、民营等各种所有制文化企业从事对外出版及版权贸易业务，并享有同等待遇。二是搭建对外投资平台，建设国际营销网络，扩大境外优质文化资产规模。三是加强国际传播能力建设，支持出版企业输出反映我国建设成就、阐释我国制度优越性、宣传"中国梦"、传播社会主义核心价值观、弘扬中华优秀传统文化的优秀出版物。四是加快版权贸易基地建设，建设版权工作站，为企业和个人提供版权保护服务。鼓励企业或个人版权输出，鼓励企业与境外出版机构从事面向境外市场的合作出版业务。五是鼓励企业或个人从事版权代理等中介业务，对版权代理人员定期组织培训，组织评选年度最佳版权代理机构和金牌版权经纪人。六是鼓励和支持网络出版单位努力开拓国际市场。支持出版企业加快从出口传统纸介质出版物向出口多种介质出版产品共存的跨媒体经营转变。推动数字出版产品"走出去"。重点支持动漫、网络游戏、书报刊数据库、汉语教材等数字产品进入国际市场。七是加快出版翻译人才培养，建设北京出版翻译中心，建立北京地区出版翻译人才专家库，评选最佳翻译作品。

（四）版权代理中介异常活跃

随着信息时代的到来，版权产业正逐渐发展成为一个增长潜力巨大的产业，蕴藏着无限商机。而版权代理作为促进知识传播、实现文明共享的重要手段，也必将有着广阔的发展前景。比较活跃的国有版权代理机构有中华版权代理总公司、北京版权代理公司、中国国际图书贸易总公司版权部等。近年来，作为龙头老大，成立于1988年的中华版权代理总公司先后将《习近平用典》《货币战争》《李贽传》《马云内部讲话》等重要作品和王安忆"三恋"系列、《成龙：还没长大就老了》《后宫甄嬛传》等优秀文学出版物版权输出至法国、西班牙、俄罗斯、韩国、波兰、泰国、匈牙利等国家和地区，同时也积极引进了许多国外优秀出版物，如《洛丽塔》《红轮》《莱卡M相机50年》《世界摄影师》《世界名表年鉴》等，丰富国内出版市场品类。目前，中华版权代理总公司和国外80多家书商、国内上百家出版集团建立了合作关系。在近年来图书版权引进的热潮中，一些民营企业也参与其中，如2000年成立的北京汉青文化信息公司。民营版权代理公司有更为开阔的视野和灵活的运作模式，他们往往在谈妥版权代理事项后对作品进行包装并交给出版社出版，还积极参与发行策划等活动。北京汉青文化信息公司在成功地运作了网络原创文学《风中玫瑰》之后，仍然把注意力集中在网络写手的身上，大力扶植网络作家。

同时，一批国外出版公司、版权代理商在华设立办事机构，如美国的麦格劳-希尔教育出版集团中国代表处、约翰·威利国际出版公司中国代表处和英国的培生教育集团、DK公司北京代表处、安德鲁·纳伯格联合国际有限公司北京代表处等。这些国外驻京代表处的一个重要使命就是开展版权贸易，在将国外畅销书引进中国和与中国合作出版中文图书中发挥了重要作用。1997年成立的DK公司北京代表处与中国出版界有着长期的合作历史。1992年DK公司第一次来到中国，参加了北京国际图书博览会，并与多家出版社建立了合作关系。DK公司以每年50~100本的规模向中国输出图书，目前品种已达上千种。全球最大的教育出版集团培生教育集团，其北京代表处的主要任务也是版权贸易和合作出版。20世纪七八十年代，培生教育集团旗下的朗文集团出版的《实用基础英语》《新概念英语》《朗文英语辞典》等大量英语教材就被引入国内，成为人们学习英语的主要资料，后与外研社合作改编的《新概念英语》成为几代人学习英语的经典教材之一。在英语教育和中小学教育方面，朗文集团与北京地区出版社合作出版了多种英语教材、辞典，其中与商务印书馆、外研社合作出版的《朗文英语辞典》《新概念英语》《当代大学英语》、与人民教育出版社合作出版的《灵通少儿英语》等，都产生了较大的影响力。

专门从事国际版权代理业务的外国公司则直接从事版权贸易。安德鲁·纳伯格联合国际有限公司是英国最重要的版权代理商，其北京代表处成立于2002年7月，主要负责联络和处理中文简体字翻译版权事宜，为中国出版社提供及时有效的版权信息服务。专业的版权代理机构能够帮助出版社高效、低成本地引进或输出图书版权。因为他们能够较为准确地分析目标图书在国内外市场的预期业绩，并核算成本；他们熟悉所在国的法律事务、交易规则；一旦出现纠纷，他们可以直接与版权所有人联系、谈判，处理相关问题。

三、结语

依据调查可以看到，在新的国际出版环境和相关政策的激励下，"十二五"时期北京地区出版企业版权贸易的总体情况主要表现为出版企业均意识到开展版权贸易业务的重要性，绝大多数出版社都在从事或准备开展版权贸易活动，图书版权贸易在全国独占鳌头。图书版权贸易结构虽不尽合理，版权输出比重仍然不及版权引进，但输出与引进贸易逆差已进一步缩小；虽然版权输出地还不到全世界国家总数的一半，但是输出目的国或区域范围变广，逐渐渗透到西方主流市场；版权输出数量逐年增加，版权输出品种更加丰富，汉语教材与教辅类版权内容的选编和挖掘可能会成为传播中华文化的新亮点。

近几年"走出去"已经从版权、实物上升到资本层面，中国出版企业海外出版发行能力大大提升。北京地区出版企业通过参股、控股等多种方式积极参与国际资本运营和国际市场竞争。出版企业开始利用数字出版优势与国际接轨，实现线上阅读，让更多的读者阅读到反映中华文化的图书；在解决好版权保护问题的基础上注意数字产品的呈现方式适合不同终端的阅读。另外，不少出版单位正在加强在"一带一路"国家的布局。而在"一带一路"本土化发展过程中，相关扶持政策和项目资助出版单位在阿联酋、俄罗斯等"一带一路"沿线国家开设了分支机构，形成了一批战略支点。

一直以来，北京市新闻出版广电局高度重视新闻出版业的"走出去"工作。在出版资源配置方面，优先向外向型的出版产品倾斜。在推动版权输出方面，实施了"远航工程"等一系列鼓励措施，在推动企业"走出去"方面，北京也已经形成了一套完整的体系。作为首都的北京已经成为中国重要的图书版权输出地区，近年来发展迅速、势态良好，无论是输出的体量、地缘、主题类型还是版权输出形式与渠道都呈现增长、扩大或多样的趋势，对外传播力明显强于其他省份，对外传播的效果与能力不断提升。鉴于版权代理在图书海外传播中发挥的作用不容忽视，培养国际化版权代理专业人才、大力发展健康有序的版权代理市场势在必行。

第二章　北京地区图书对外版权输出典型企业和个案

目前，北京拥有全国40%以上的出版企业，是全国出版企业和出版资源最集中的城市，综合实力全国领先。受益于"经典中国"国际出版工程、中国图书对外推广计划、"丝路书香"工程、重点新闻出版企业海外发展扶持计划等新闻出版"走出去"重点工程项目与扶持政策，北京出版企业成为"走出去"的重要力量。出版企业纷纷在境外投资或设立分支机构，跨国兼并收购成为北京地区出版业国际化发展的重要途径。图书版权贸易取得显著成绩，打开了190多个国家和地区的出版物市场，版权输出和引进逆差进一步缩小。

本章将选取北京地区致力于国际化的10家代表性企业和10例版权输出成功个案作为研究对象，重点归纳、分析这些出版企业国际化发展的策略和取得的相关成就；同时，对选取的版权输出典型案例或从选题策划与译介、版权谈判，或从输出方式与渠道、市场营销等方面加以分析、讨论，希望能够为相关企业和版权从业人员提供借鉴。

一、北京地区图书对外出版典型企业

（一）中国人民大学出版社

1. 基本情况

中国人民大学出版社（人大社）成立于1955年，是中华人民共和国成立后建立的第一家大学出版社。人大社 1982 年被教育部确定为全国高等学校文科教材出版中心，2007 年获首届中国出版政府奖先进出版单位奖，2009 年获"首届全国百佳图书出版单位"荣誉称号，是我国最重要的高校教材和学术著作出版基地之一。

人大社的主营业务为教材和学术著作出版，涵盖了社会科学和人文科学各学科，包括哲学、经济学、政治学、法学、社会学、行政学、人口学、环境学、新闻学、档案学、财政学、金融学、管理学、会计学、商品学、历史学、语言文学、伦理学、心理学、美学、艺术及新兴学科和边缘学科等。

作为中国最重要的高校教材和学术著作出版基地，人大社始终秉承"出教材学术精品，育人文社科英才"的出版理念，实施精品战略，建社 60 多年来已累计出书 25000 余种，出版了一大批具有文明传播、文化累积价值的优秀教材和学术著作。

2. 国际化发展举措

多年来，人大社致力于搭建国际文化交流平台，以高端学术著作国际出版为特色，极大地推动了中外学术文化交流。截至目前，人大社已累计输出图书版权 2200 余种，涉及 20 多个语种，与 30 多个国家和地区的百余家出版机构建立了合作伙伴关系，并在以色列、罗马尼亚、蒙古设立海外分支机构，有效推动中国文化"走出去"。通过搭建国际出版平台，人大社倾力打造国家出版名片，努力讲好中国故事、传播好中国声音、阐释好中国特色，不断增强中国文化国际传播的软实力。

（1）在全社树立"走出去"意识

经过多年的实践，"走出去"已经成了人大社全社的共识，成为全社业务工作的一部分。人大社意识到，"走出去"不是出版社哪一个部门的事情，也不是权宜之计，从每年年底编辑部的新年选题战略研讨会开始，"走出去"的选题的数量和质量就是各个分社汇报的一个重点；在"走出去"营销活动及媒体推广方面，出版社相关部门群策群力，积极配合，通力协作，使得"走出去"工作得到全方位、立体化的有效开展。

（2）健全国际化管理、保障和考核机制

人大社建立健全各项管理制度，在文件档案保存、财务设账管理、科室机构建制等方面都按照"走出去"的需要和国家制度要求执行。为了与国际出版市场接轨，有针对性地推进其版权输出业务，人大社把"走出去"工作与版权引进业务各自独立，2015年11月成立了国际出版中心。除了常规的图书版权海外授权管理以外，国际出版中心的工作还扩展至版权代理、中外合作策划、品牌宣传推广、建立海外分支机构和图书实物出口等方面，取得了良好的效果。在保障和考核机制方面，出版社出台了一系列规章制度，制定明确的目标和奖惩方法，保障"走出去"项目的完成。

（3）不断巩固版权引进优势，为版权输出积累客户资源

迄今为止，与人大社建立业务关系的海外出版社达近500家，人大社也是培生教育出版集团、圣智学习出版集团、麦格劳·希尔集团等跨国出版集团在中国的重要战略合作伙伴之一。这为人大社与海外出版集团制定版权合作战略打下了坚实基础。双方精心维护和科学管理海外合作伙伴，采用分级分类管理的办法，加强与"三个顶尖"（国际顶尖、行业顶尖、所在国顶尖）出版机构的合作，建立起长期的、系列的图书出版合作关系。在拓展海外合作伙伴方面，人大社把发展重点放在"一带一路"沿线国家，加强与目标国主流出版社的合作。

（4）探索推进中国学术出版走进"一带一路"沿线国家的多样形式

人大社重视在重点国家、重点地区的布局设点，建立了中国图书翻译出版的长效机制，调动目标国的出版、发行渠道和宣传资源，通过建立海外分社、共建图书出版中心、合建人文交流平台等方式大力推动本土化战略的部署和实施。

人大社于 2016 年 1 月在以色列特拉维夫大学正式成立以色列分社。同年 3 月，又派代表团再赴以色列开展图书策划和宣传推广活动，与以色列的出版机构、高校和学术机构建立起长期而有效的沟通机制。

针对出版实力较强的国家，人大社采取与目标国出版机构共建图书出版中心的方式，开展本土化合作。

人大社联合各界力量，以图书和出版为合作契机，在一些国家合建人文交流平台。2015 年 12 月，人大社在哈萨克斯坦的纳扎尔巴耶夫大学和欧亚国立大学成功举办了中国优秀图书巡回展，与这两所当地一流高校的图书出版合作也逐渐展开。2016 年 11 月，为纪念中国和黎巴嫩两国建交 45 周年，人大社在黎巴嫩贝鲁特的联合国教科文组织宫展览中心举办了"中华优秀图书展"暨《百年牵手》新书首发仪式，展出人大社和中国其他出版社出版的英文、法文和阿拉伯文图书 2000 种左右。2016 年 12 月人大社与尼泊尔白莲花出版社在中尼合作出版签约仪式上签署了当代中国文学作品合作出版协议，这是中国文学作品第一次成系列地在尼泊尔翻译出版。中国文学作品将通过这一出版交流平台实现在尼泊尔的翻译、出版，并进入当地主流图书市场。

3. 图书版权输出成就

多年来，中国人民大学出版社在版权"走出去"方面做出了突出贡献，截至目前已累计输出图书版权近 3000 种，涉及 30 多个语种，与 40 多个国家和地区的百余家出版机构建立了合作伙伴关系，在以色列、罗马尼亚、蒙古、哈萨克斯坦、土耳其、意大利设立海外分支机构，并发起成立了"一带一路"学术出版联盟。

在主题出版方面，"社会主义核心价值观"系列图书、《中国集体领导体制》等图书入选中央宣传部对外推广局项目，并实现了多语种版权签约；促成日本能源环境协会邀请《中国：创新绿色发展》作者对日参众议员的演讲活动，有效地向日本政治精英阶层传递了以习近平总书记为核心的新一届中国政府的治国理政之道；与尼泊尔当代出版社共签署了17项版权合同，包括"社会主义核心价值观·关键词"丛书（12册）、《一个人的聚会》《朱永新教育小语》《一带一路：机遇与挑战》《人民币读本》和《人民的名义》。

在学术出版方面，2015年人大社与施普林格·自然集团签署的4种人文社会科学学术著作的出版协议中的《宇宙、秩序和信仰》正式出版。2018年与施普林格·自然集团新加坡分公司达成合作协议，就4部学术书籍签署了版权合同。此次签署版权合同的4部学术书籍分别为《互联网使用与政治参与》《民法视野下女性生育自己决定权研究》《致广大而尽精微：普惠金融中国实践案例》《人工智能》，内容涵盖我国当代经济发展、法律建设、科技探索等多个方面。2019年同麦格劳–希尔教育出版集团和泰勒–弗朗西斯出版集团举行了《对话中国》《100个汉字里的中国》《中国佛教与传统文化》《税收对国民收入分配调控作用研究》《人民币国际化报告（2015）》5本英文版新书的两场发布会，并与美国圣智学习出版集团举办了"中国学者论中国经济系列"英文版新书发布会，发布了4本英文图书。

在中外专业学术合作出版方面，中国人民大学出版社与帕尔格雷夫·麦克米伦出版社共同策划出版了有关中国社会学和新闻传播学的英文系列学术丛书，这是中外专业学术出版机构合作向欧美主流图书市场输出的一套中国当代学者的精品系列图书。

推进中国传统文化走进"一带一路"国家。2019年，人大社与伊朗塔麦斯公司合作出版波斯文版《礼乐文明与中国文化精神》，将中国文化介绍给伊朗人民；与埃及希克迈特文化投资出版公司合作出版汉阿对照版《天工开物》，是人大社积极面向阿拉伯地区推广中国优秀出版物的不懈努力取得的有效成果。

在"中国图书对外推广计划"多家成员单位中，中国人民大学出版社连续 9 年取得出版社综合排名 5 个第一名和 4 个第二名的成绩,并连续 3 年进入中国图书海外馆藏影响力出版 30 强。

(二)新世界出版社

1. 基本情况

新世界出版社成立于 1951 年,是我国主要的对外出版机构之一,也是中国国际出版集团成员之一。改组后的新世界出版社以社会科学、教育、财经、语言学习类图书和参考书出版为主,兼顾多种选题的开发。在自主开发选题的同时,新世界出版社还积极与海内外的出版公司、版权代理机构开展版权贸易和合作出版业务,目前已经与海内外几十家出版公司和版权代理机构开始了业务合作,其中亦有我国香港、台湾地区及日本、韩国、美国、德国和荷兰的公司。

新世界出版社为人文社科类图书出版社,主营业务为出版社会科学各门类的学术著作、工具书、普及读物,翻译出版外国社会科学著作。

新世界出版社认真贯彻落实科学发展观,秉承"关注社会进程,专注大众出版,奉献阅读新世界"的出版经营理念,以繁荣和丰富人们的精神文化需求为己任,以市场为导向,以改革为动力,以发展为第一要务,以丰富和打造"新世界文库"为抓手,坚持正确的出版导向。

2. 国际化发展举措

(1) 建立中国图书编辑部,实现本土运作

建立中国图书编辑部是提高对外传播针对性的重要方式之一,也是主题图书出版本土化最有效的合作模式。作为中国外文出版发行事业局(以下简称中国外文局)旗下成员的新世界出版社近年来不断创新海外合作出版形式,

通过建立中国图书编辑部的形式在策划、编辑、翻译、印刷、发行、推广宣传等环节与海外出版机构展开全方位合作，每年出版中国主题图书50种左右，包括当代中国经济社会发展系列、美丽中国系列、解读共产党系列、"中国梦"系列、"一带一路"系列、汉语教学系列、少儿系列等，使国内主题出版图书在国外实现营和销的真正落地。

2017年，新世界出版社与埃及日出出版社共同成立"中国图书编辑部"，这是继在印度成立中国图书编辑部之后，新世界出版社在海外拓展的又一项重大举措。新世界出版社也由此成为首家在阿拉伯地区成立中国图书编辑部的中国出版社。"中国图书编辑部"将推动中国优质图书在阿语地区的出版与传播，增进当地读者对于中国的了解，促成中阿之间的政治、经济、文化交流与相互理解，让阿语地区读者了解真实的中国。

（2）与国内知名出版社签订战略合作协议，共同推动中国出版"走出去"

2018年，新世界出版社与人民文学出版社战略合作协议签署暨《谢谢了，我的家》版权输出签约活动成功举行，双方共同将图书《谢谢了，我的家》的版权输出到波兰、印度、土耳其、韩国、俄罗斯等9个国家。

中国文化"走出去"最重要的就是让中国传统文化和中国文化精髓"走出去"。新世界出版社凭借自身的丰富经验，商定合作后迅速与9家国际出版机构达成意向。人民文学出版社在国内出版方面有雄厚的资源和优势，是行业权威，而新世界出版社在国际传播能力建设方面积累了很多经验，经过多年的打造，与世界多国出版社形成了优良的合作模式。双方希望借此机会把合作深入下去，把中国传统文化、优秀文学作品推向更广阔的空间，真正实现优势互补、强强联合。

（3）积极参与各大书展，寻找"走出去"的契机

借助顶级图书展览活动的契机，将中国文化推向世界舞台。通过国际书展，一方面可以整合已有的出版资源，使面向海外市场的图书更加本土化；另一

方面，可以根据当地读者的需求策划新的选题，了解海外市场需求，助力中国文化"走出去"。新世界出版社与国际同行开展合作，版权输出取得显著成果。例如，在第70届法兰克福书展期间，积极开展版权推介，拓展国际合作新渠道，与来自多国的出版发行商进行了版权和业务洽谈；取得了《世界是通的：一带一路的逻辑》阿拉伯语版权和《呼伦贝尔万岁》俄语版、哈萨克语版、吉尔吉斯语版、乌兹别克语版等12项版权输出的成果。

（4）版权输出在内容上"投其所好"

新世界出版社版权部负责人在《出版商务周报》撰文道，欧美出版商和代理商对中国的图书很感兴趣，既然对方有兴趣，我们就应该给他们适合出版的作品。除此之外，版权输出的推广仅靠书本身还不够，还需要图书之外的力量，如电影。如果一本书改编成电影并在国际上放映，对图书版权的销售将会产生极大的推动作用。需要注意的是，无论作品原版如何好，如果翻译成其他文字之后失去原有的魅力，作品版权也不好销售。所以，保留原书的故事风格非常重要，语言风格更不可忽视。译文要适合版权输出目标地区读者阅读，否则再好的作品也无法传播出去。

3. 图书版权输出成就

截至目前，新世界出版社已在世界上12个国家和地区建立中国图书海外编辑部12家，是目前国内拥有中国图书海外编辑部数量最多、分布最广泛的出版机构，其合作对象包括美国圣智学习出版集团、印度GBD图书公司、埃及金字塔报出版集团、土耳其新生出版集团、韩国耕智出版社、英国查思出版（亚洲）有限公司、波兰阿达姆－马尔沙维克出版集团、秘鲁国家出版社等知名海外出版机构。数十种中国主题图书合作出版项目在海外落地，并进入当地主流发行渠道，为中国图书海外传播做出了突出贡献。

新世界出版社与英国新经典出版社合作，推出了《中国简史——从孔夫子到邓小平》（上下册），《一百个中国人的梦之二：当代百姓生活实录》《四分之一的世界在他们手中》。2015年新世界出版社与日本侨报社签署版权输出协议，将新世界出版社出版的涉及中国政治、文化、历史等方面的22本讲述中国故事的优秀图书的日文版版权授予该社。2016年，新世界出版社与国际出版代表签订了《中国关键词》阿尔巴尼亚语、印地语、日语、韩语、阿拉伯语、波兰语、土耳其语和德语8个语种的版权输出协议。2018年8月，新世界出版社与美国圣智学习出版集团于2017年成立的中国图书编辑部的重要成果——《中国共产党如何反腐败？》（圣智英文版）进行了新书首发。仅2018年一年当中，新世界出版社版权输出或合作出版的图书就达到了20种，可谓硕果累累。

新世界出版社获得2016年法兰克福书展主办方颁发的"荣誉参展商"证书，表彰其连续25年参加书展，并在书展上不断推出深受海外参展商和海外读者欢迎的优质图书与充满特色的活动。这是中国出版社首次获得该荣誉称号。

（三）北京大学出版社

1. 基本情况

北京大学出版社（以下简称北大社）的前身可以追溯到1902年设立的京师大学堂译书局和编书处，译书局翻译"西学"教科书和其他图书，编书处编纂"中学"教科书，北京大学的出版活动从此开始。1918年，北京大学成立出版部，出版大学教科书和学术著作，曾出版《北京大学日刊》《国学季刊》等有广泛影响的刊物和中国社会主义青年团中央的机关刊物《先驱》，还先后出版了李大钊、张润之的《中国国际法论》，以及杨昌济译著的《西洋伦理学史》、黄节的《诗学》、钱玄同的《文字学音篇》、梁漱溟的《印度哲学概论》等一批著名学者编写的教材和学术著作。1902—1952年，北京大学出版机构累计出版各种教材讲义和图书600余种。1979年,经国家出版事业管理局同意,教育部批准成立北京大学出版社,恢复了北京大学出版社建制。

自恢复建制以来,北大社注重出版物思想内容质量和学术水准,努力办出自身特色。经过30年的发展,已成为一家以人文社会科学为主的综合性大学出版社,形成了一支在行业内处于优势地位的优秀团队,在出版能力、经营规模、社会影响和市场影响力等方面都已跻身行业前列。经批准,2010年北京大学出版社变更为北京大学出版社有限公司,完成改制工作,由此翻开了新的篇章。

北大社的现有主营业务中,教材占45%,学术图书占40%,一般图书占15%,图书重印率达到60%,在文史哲、法学、经济管理、学术普及、汉语教学等出版领域具有比较明显的优势和特色。

北大社坚持"传播知识,积累文化,繁荣学术,服务社会"的办社宗旨,坚持"立足北大,面向全国,走向世界"的开放型办社模式,坚持"教材优先,学术为本,建设一流"的经营理念与方针,依靠北京大学雄厚的教学科研力量,同时积极争取国内外专家学者的合作支持,出版了一大批高水平的高等教育教材、教学参考书和学术著作。

2. 国际化发展举措

北京大学出版社把发展版权贸易作为走向世界、融入国际社会、参与国际竞争的重要途径,在版权贸易工作中一直坚持"输出与引进并举"的工作思路,并建立了使版权贸易健康发展的长效机制。目前,北京大学出版社已同几十个国家和地区的上百家出版社建立了国际合作关系。

(1)结合自身特点和优势,确定输出重点内容

北大出版社根据自身的出版特点和优势,将对外汉语教材和人文社科类图书作为版权输出的重点领域,与剑桥大学出版社、荷兰博睿出版社、施普林格出版社等一批国际知名出版社展开深入广泛的合作,共向海外输出版权

近1500余种，涉及英语、德语、法语、俄语、泰语、越南语等十几个语种。其中，《中华文明史》和《解读中国经济》成功输出了英文版、日文版、韩文版等多个语种，出版后在国际市场上产生了良好反响。

（2）精准定位版权输出种类，充分利用现有版权资源

北大社的品牌定位是学术和教育出版，在这两方面拥有很大的资源优势，因此北大社一直坚持以人文社科类高端学术著作出版为中心，与出版领域对口的国际一流学术出版社合作，扎实推进北大学术精品"走出去"，努力树立北大出版的国际品牌。在版权输出实践中，北大社逐渐发现系列图书的出版能够形成规模效应，提升市场认知度，因此随着与国外出版商的合作加深，北大社也在有意识地梳理现有选题资源，建议合作方根据实际需要组合成新的系列，推向国际市场。

（3）紧抓机遇与热点，推动自身版权输出工作的开展

2013年习近平主席先后提出建设"丝绸之路经济带"和"21世纪海上丝绸之路"的构想，至2014年年底这个合作倡议得到沿线60多个国家的积极响应，2015年成为"一带一路"倡议延展铺开落实的重要一年。借助政策的东风，北大社在2015年的实际工作中除巩固与发展英语、法语等既有大语种的版权输出业务之外，也紧密结合政策要求重点开拓了"一带一路"沿线国家的版权输出，拓展了北大社"走出去"的地域版图，版权输出数量及版税收入都显著提高。

（4）加强对已签约项目的管理监督

一项成功的版权输出并不只是完成版权协议的签署，还包含着出版进度跟踪、出版后信息的收集整理、样书收取、版税结算等一系列重要工作内容。因此，在注重加大版权输出力度的同时，对已签约项目也要加强管理，注意项目的后期跟进与监督。北大社高度重视输出图书的学术及社会影响力，积极做好重点图书出版后销量、书评、下载量、引用率、获奖情况等数据、信

息的收集与整理，及时反馈给作者。一流的作者一直是北大社最重要的资源和优势，他们认为维护好作者资源可以更好地促进版权输出工作。

（5）坚持"立足北大，面向全国，走向世界"的开放型办社模式

北大社坚持"立足北大，面向全国，走向世界"的开放型办社模式，把发展版权贸易作为走向世界、融入国际社会、参与国际竞争的重要途径。北大社已同几十个国家和地区的上百家出版社建立了业务往来，向海外输出版权1000余种，引进版权3000余种，版权贸易图书内容涉及人文社科、自然科学、语言文字、工程技术等多个领域。

3. 图书版权输出成就

北大社从20世纪80年代后期开始开展版权贸易工作，30多年来已同美国、英国、德国、法国、荷兰、加拿大、俄罗斯、西班牙、意大利、日本、韩国及我国港澳台等十几个国家和地区的一百多家出版社建立了业务往来，图书内容涉及人文社科、自然科学、语言文字、工程技术等领域，累计引进版权2000多种，向海外输出版权900多种，引进和输出两项指标均居全国出版社前列。

北大社根据自身的出版特点和优势，将对外汉语教材和人文社科类图书作为版权输出的重点领域，与剑桥大学出版社、荷兰博睿出版社、施普林格出版社等一批国际知名出版社展开深入广泛的合作，共向海外输出包括《中华文明史》《解读中国经济》在内的近1500余种图书版权，涉及英语、德语、法语、俄语、泰语、越南语等十几个语种。《中华文明史》的英译本被剑桥大学出版社列入"剑桥中国文库"的首批出版计划，并在2012年伦敦书展上成功推出，产生很大反响。作为大部头学术著作，《中华文明史》英文版在市场上也取得了骄人成绩，出版至今累计销售近2000套，实现版税收入超过20万元人民币。英文版的成功为其他语种奠定了坚实的基础，之后又陆续签订

了日文版、韩文版、俄文版、塞尔维亚文版、匈牙利文版等版权输出协议。

北京大学出版社是"中国图书对外推广计划"工作小组首批成员单位之一，并多次被认定为"国家重点文化出口企业"，2011年因版权输出成绩突出被评为全国"新闻出版'走出去'先进单位"，2012年获评"北京市新闻出版和版权工作先进集体"，2013年荣获"中国版权最具影响力企业"称号，2014年和2015年被授予"中国图书对外推广计划特别奖"。

（四）外语教学与研究出版社

1. 基本情况

外语教学与研究出版社（以下简称外研社）由北京外国语大学于1979年创办，2010年完成企业改制，更名为外语教学与研究出版社有限责任公司，是一家以外语出版为特色，涵盖全学科出版、汉语出版、科学出版、少儿出版等领域的综合性教育出版集团，是全国规模最大的大学出版社、最大的外语出版机构。外研社拥有1800多名员工，是一家兼具学术性、教育性，涵盖多种媒体出版的大型出版机构。

外研社共设有九个职能机构，并设有九大分社，各分社年发货码洋从2000万元到5.6亿元不等。此外，外研社还设有分布在全国的16个信息中心。外研社主营业务为多种语言的图书出版，其出版范围包括教材、教辅、辞书、学术、期刊、读物等，出版形式包括图书、期刊、音像、电子、网络等，产品覆盖幼儿园、小学、中学、大学、研究生、成人教育、终生教育等各层次读者群。

围绕"面向全民外语教育，提供全面解决方案"这一发展宗旨，外研社在把优质外语教育资源引入中国的同时也向世界讲述中国故事，传播中国声音，推广中国文化。如今，外研社已经渐渐由中国外语出版的领头羊向中外文化交流使者转型。

2. 国际化发展举措

自 1983 年签署第一项版权贸易协议以来，外研社已与麦克米伦、培生教育、牛津大学出版社、剑桥大学出版社、圣智、麦格劳－希尔、哈珀·柯林斯等国际知名的出版机构及法国、德国、日本、韩国、加拿大、澳大利亚等几十个国家和地区的出版社建立了良好的合作关系，建立了一套开放式、国际化、市场化的国际合作管理体制，引进并输出了一大批优秀选题。目前其国际合作伙伴已超过 700 家，海外作者超过 300 位。

（1）本土化业务模式的创新

外研社充分发挥其教育和文创优势，跳出传统出版范畴，从"出版""教育""文创"三方面发力，开展"出版+"的海外新型合作。首先，通过版权贸易、合作出版等方式，使优质的选题内容实现本地化出版；其次，建立线上线下结合的教学及读者互动中心，提供相关课程和学习资源；最后，通过翻译服务、文化咨询、展览策划等文创业务，增进与对象国的文化交流，推动文化的彼此认同。在本土化业务的推进中，采用"协调人"机制，遴选精通对象国语言、文化和出版的专业、"接地气"的人才，大胆放权，由他们策划选题、遴选书目、组织翻译和编辑工作、进行各方联络及营销推广等。

（2）设立海外中心，实现资源和品牌"走出去"

外研社将海外中心建设作为"走出去"的一项重要任务，在总社的战略部署之下，几个业务单元加快了海外中心建设，外研社保加利亚、法国和波兰的中国主题编辑部相继成立。

海外编辑部除开展中国内容本地化出版外，还通过当地的孔子学院开设国际汉语和中国文化相关课程，开发在线阅读平台，推动移动端数字化阅读，有效黏合当地读者，开展了具有鲜明中华文化特色的文创活动，资源与品牌得到充分的开发与利用。

（3）中国主题，学术引领

外研社与泰勒－弗朗西斯集团举办了首批中国主题图书合作出版签约仪式，包括《法礼篇的道德诗学》《"她"字的文化史》《多元文化中的中国思想：21世纪跨文化流通十六讲》，覆盖了中国学界对国际关注话题的研究、中国文化史研究及比较文学、世界文化、中国思想等问题的研究。这是继与施普林格·自然集团合作的"中华学术文库"和"中华思想文化术语研究丛书"两大系列之后，外研社与国际知名学术出版机构联合推出的又一重要中国主题系列图书，将对传播中国文化思想、增强中国学术的国际影响力发挥重要作用。

（4）加强与"一带一路"沿线国家的合作

外研社积极践行"一带一路"倡议，在版权输出、内容建设、海外布局等方面都取得了突出成绩。向"一带一路"国家输送了一批代表国家水准、反映中华文化精髓和当代中国风貌的精品图书；与保加利亚、波兰等国合建"中国主题编辑部"，在东南亚、拉美等地区筹建海外中心，正在实现本土化运营和产品服务的有效落地；积累了众多"一带一路"国家的翻译家、汉学家、出版人、学者等资源，为中国与这些国家开展出版文化交流搭建了桥梁。

"因地制宜"，寻求与不同国家合作的利益共同点和交汇点，根据双方的禀赋、优势和需求，精准"把脉"，找准合作点。在"一带一路"布局中，外研社凭借多语种翻译出版能力和丰富的多语种教育培训经验优势，在海外开展国际汉语等教育培训和出版合作。外研版成功输出的一系列词典、对外汉语和中国主题类图书在东南亚、中东欧等市场很受欢迎，每年带来近200万元人民币的版税收益。

（5）充分利用国际书展机会，大力拓展版权输出区域

作为一家在国内最早开展版权贸易的出版社，外研社每年都会参加各种书展、学术会议、"一带一路"相关展会几十场；而作为新闻出版业"走出去"先进单位、国家文化出口重点企业，外研社也受到原国家新闻出版广电总局

的邀请,参与到国际书展的"中国主宾国"等活动中;外研社国际汉语出版中心与国际部密切合作,充分利用国际书展的机会,大力拓展版权输出。

3. 图书版权输出成就

外研社从"引进来"到"走出去",从传统出版到数字出版,从版权贸易到海外本土化运作,从合作出版到搭建交流平台,国际合作形式日益丰富,立体化国际合作格局正在形成,在弘扬中国文化、推动汉语出版走向世界的责任担当中取得巨大成就。从早期成功输出的《汉语900句》《走遍中国》《汉语入门》等优秀汉语产品到近年的《中国经济改革发展之路》《在彼处——大使演讲录》《中国园林》《从雪豹到马雅可夫斯基》《佛教常识答问》《这个世界会好吗?——梁漱溟晚年口述》《最后的儒家——梁漱溟与中国现代化的两难》《老子如是说:〈道德经〉新注新译》《中华思想文化术语》系列图书等,无一不体现出外研社在图书版权输出方面的实力。

2019年,在与北京国际图书博览会同期举办的第十七届北京国际图书节开幕式上,外研社与黎巴嫩数字未来、印度皇家柯林斯签约"博雅双语"系列、HSK考试系列、"我爱汉语"系列、中国文化系列等29个品种的版权输出协议;借书展中罗马尼亚为主宾国的契机,与罗马尼亚集成出版社签署《孔子的智慧》《老子如是说》的版权输出协议,与罗马尼亚欧洲思想出版社签署《中华思想文化术语》(1~6辑)的版权输出协议;书展期间,与各合作伙伴达成版权输出意向60余种,包括"悠游阅读"系列、"七色龙"系列、"新启蒙汉语"系列等,涉及中国文化、对外汉语、英语学习等不同类型产品,还包括《三体》(阿语版)等联合输出项目。外研社版权输出的内容资源和合作形式更加多元。

外研社为中外文化融通与文明互鉴搭建了交流与合作的平台,因此被授予"中国图书对外推广计划特别贡献奖"。2018年度外研社有1部图书入选"经典中国"国际出版工程,6部图书入选"丝路书香"工程重点翻译资助项目,另有 4 部图书获得版权输出奖励计划的重点奖励，21 部图书获得普遍奖励。

外研社已发展成为中国外语教学与研究的重要基地、外语类图书出版重镇和中国企业"走出去"的典范。外研社先后荣获"新闻出版'走出去'先进单位""国家文化出口重点企业"等荣誉称号，被评为国家一级出版社。外研社出版的众多图书获得了中国出版政府奖、中华优秀出版物奖等国家级重要奖项。

（五）中国大百科全书出版社

1. 基本情况

得益于中国一项影响深远的文化工程——《中国大百科全书》的出版，中国大百科全书出版社（以下简称大百科社）于1978年11月18日经国务院批准正式成立。经过40多年的发展，大百科社成为一家以出版百科全书和其他工具书为主，同时出版各种学术著作和知识普及读物的国家级大型出版社，下设知识出版社、中国大百科全书电子音像出版社两个副牌，并出版《百科知识》《百科论坛》等多种期刊。

大百科社主要从事各类专业图书、教育图书、大众图书的出版和跨介质、多媒体出版物及网络出版物的出版。

中国大百科全书出版社以《百科铭》作为其经营理念："百科者，百科全书也。上及天文，下及地理，中及人事：涵宇宙之道，蕴精微之妙，述千古之史，记当今之要；熔天下智慧于一炉，成中外知识之宝库。博矣，大矣，乾坤尽在其中矣！精矣，深矣，玄机皆备其间矣！古人云：取精用宏，有叩则鸣。凡人之欲立、民之欲生、事之欲就、功之欲成、国之欲盛、世之欲荣者必叩之，叩之则应。呜呼！传世之作也，百年之业也！不可不记，特此铭之。"[1]

---

[1] 资料来源于中国大百科全书出版社官方网站。

2. 国际化发展举措

中国大百科全书出版社 40 多年来坚持量质并举，开拓百科特色国际路，致力于中华文化的交流与推广，为扩大中华文化的国际影响力和竞争力不断努力。自建社以来，共向海外十余个国家和地区输出出版物版权 500 余种。近年来中国大百科全书出版社"走出去"工作有了飞跃式的发展。

（1）调整战略布局，紧抓"一带一路"新机遇

面对新的国际形势，大百科社在"走出去"的布局上也适时调整，欧美市场由主攻转助攻，"一带一路"沿线国家地区由观望转主攻。经过不懈的努力，《中印文化交流百科全书》、中印经典互译项目、《中华文明史话》系列、《中国儿童百科全书》系列等项目均找到长期稳定的合作伙伴，打开了"走出去"的新局面。2017 年实现 120 种图书输出至"一带一路"沿线国家，约占全部输出品种数的 80%。❶

对于欧美市场，从重视版权输出数量转变为重视质量，并采取"借船出海"的方式开展版权合作。大百科社通过与海外出版公司共同策划中国内容出版物，借助欧美专业出版机构主流渠道的数字平台推送中国内容，从而提升"走出去"的效率。

（2）用好百科资源，讲好中国故事

出版社注重挖掘中华优秀传统文化，打造了《中华文明史话》《中国传统故事美绘本》等活泼生动、通俗易懂的外向型传统文化读物。同时，顺应趋势，适当地改变编纂理念，原创儿童百科全书的编撰理念由以往"专门为中国孩子编百科"升级为"力求编撰具有国际化视野的儿童百科全书"，让中国的少儿科普图书走向世界。更重要的是，大百科社注重推出具有深厚文化内涵的中国故事，使传统文化实现形式上的吐故纳新。其中，《故宫里的大怪兽》

---

❶ 数据来源于中国出版集团公司公布的数据。

便是作者将故宫的历史知识、民俗典故融入奇幻、生动的冒险故事之中，为国外读者喜闻乐见，相继输出阿语版、蒙文版、罗马尼亚文版、泰语版、马来西亚语版及我国台湾地区繁体字版、我国香港地区繁体字版等。

（3）借助落地活动扩大海外影响力

主动策划实施落地活动，尤其是针对重点作家、重点作品集中发力，扩大海外影响力。大百科社逐渐认识到积极主动的推介、发声越来越有必要。大百科社还格外关注重点产品的"走出去"，打造出在海外市场"叫得响"的作品，并借助国际书展交流平台举办推介活动。大百科社在伦敦书展期间举办了"中国百科进美国暨中美国际编辑部揭牌仪式"；参加了俄罗斯伊尔库茨克国际文化论坛和童书节活动，并举行百科童书专场推介会；与施普林格·自然集团成立《中国大百科全书》英文版国际编辑部，并举行揭牌仪式；举办百科发展国际论坛等。这些活动都取得了较好的推广效果，增进了海外出版社对大百科社的了解与关注。

3. 图书版权输出成就

中国大百科全书出版社一直致力于中华文化的交流与推广，为扩大中华文化的国际影响力和竞争力而不断努力。近年来中国大百科全书出版社"走出去"工作有了飞跃式的发展。从数量而言，2015年输出版权32种，2016年输出65种，2017年输出151种，实现了两位数甚至是三位数的增长。从输出国家和地区来看，贸易合作对象既有传统的欧美国家及我国港澳台地区，也有"一带一路"新兴市场，如波兰、印度、突尼斯、蒙古、越南、埃及、罗马尼亚等近20个国家和地区，语种涵盖英语、西班牙语、波兰语、阿语、蒙文、罗马尼亚语等近20种语言。❶ 输出图书品种门类齐全，将百科全书、少儿科普、文学、主题出版等多个门类的作品成功推出到海外。

---

❶ 数据来源于中国大百科全书出版社官网。

针对海外读者阅读需求进行深度开发，打造出了《中华文明史话》、"中华文化百科丛书"、《中华百科全书》《这里是西藏》等一批集中反映中国传统文化和当代社会的图书。以新版《中国儿童百科全书》为代表的儿童百科类图书，内容、形式表达更加国际化，已输出至 8 个国家和地区，总计输出 60 多个品种。《中国大百科全书》数据库内容已推广到国外 100 多家高校、图书馆、孔子学院，《中国大百科全书》繁体字网络版也已在我国台湾地区普遍使用。自 2016 年起，《中国大百科全书》数据库作为"中国馆"的重要组成部分，先后走入秘鲁、老挝、土耳其等国家。中国大百科全书出版社与英国合多林·金德斯利出版社（简称 DK）开展联合出版，截至 2017 年 8 月，出版的图书种类已经超过 160 种，总印数超过 400 万册，总发货码洋达 3.41 亿元，实现利润 3700 万元。2018 年《中国大百科全书》数据库国际版上线，实现了 5 种语言机器自动翻译功能。此外，《认识中国》《中国历史百科地图》等数字化作品也通过互联网实现了全球范围内的下载阅读。

近年来，中国大百科全书出版社获得了多项荣誉，2009 年被评为首批"全国百佳图书出版单位"，2016 年被评为"中国版权最具影响力企业"，2012—2017 年连续 4 次被评为"国家文化出口重点企业"。2017 年被评为"全国版权示范单位""2015—2017 年度中直机关文明单位"，获"北京市提升出版业国际传播力奖励原创出版物版权贸易奖"。

（六）高等教育出版社

1. 基本情况

高等教育出版社（以下简称高教社）成立于 1954 年 5 月，是中华人民共和国最早设立的专业教育出版机构之一，也是国内率先与海外出版社进行版权输出与引进的少数几家出版社之一。在教育部的直接领导下，经过 50 多年的奋斗，高等教育出版社已经发展成为以出版高等教育、职业教育、成人及社会教育等教育类、专业类、科技类出版物为主的综合性大型出版社。2010年12月，中国教育出版传媒集团有限公司成立，高等教育出版社成为其核心成员单位之一。

高教社在出版规模、市场占有率、产品数字化、国际化及综合实力等方面都处于中国出版行业领先地位，产品形态涉及图书、音像制品、电子出版物、网络出版物及期刊等。

高等教育出版社秉承"植根教育、弘扬学术、繁荣文化、服务社会"的经营理念，争做中国先进教育理念的倡导者、先进教学模式的探索者、先进教学内容的传播者，为发展中国教育出版事业，推动社会主义文化大发展大繁荣和扩大中国文化的国际影响力而奋斗。

2.国际化发展举措

高教社将国际化目标提到战略的高度，并将"走向世界"写进办社宗旨，将自己定位在"国际教育资源集团"，要实现从一个国内知名教材出版社到国际知名、中国一流的优质教育资源集成服务基地的深刻转变。为此，高教社制定了国际化战略具体部署。

（1）实现管理国际化

为了使高教社的管理能够真正建立在科学的基础上，高教社在国内出版社中率先采用了德国SAP公司先进的ERP系统，引进世界上最先进的管理模式，用国际大企业同行的先进模式要求自己，谋求在管理上与国际接轨，迈出了管理国际化的一大步。目前该系统已经在管理的各个方面显示出了优势，并产生了效益。

（2）打造自主品牌，提高国际知名度

高等教育出版社采用合作出版、买断版权和实行版税制等多种业务形式

"出口"国内的优秀教材,其中以《新概念物理——力学》为代表的跨世纪理工科教材等近 70 种优秀教材在世界范围内传播;实施"对外汉语教学系列教材"项目,在亚洲、欧美等国家和地区发行。与泰国教育部门和出版机构合作,推出"体验汉语"中小学系列项目,被列入泰国教育部推荐教材,进入泰国国民教育体系。高教社还与孔子学院总部联合推出 YCT 系列汉语产品,旨在为中小学国际汉语教育提供标准化课程与评测体系;完成《中国高校学术期刊文摘》系列的出版和国外市场拓展,加强与各类高等研究院所的合作,积极推动了学术图书版权输出业务的发展。主攻汉语教材的版权输出与推广,极大地提升了高教社的国际知名度。

(3)利用全球资源服务全球教育

高教社用国际化的服务理念要求自身,将追求用户对该社产品和服务的最大满意度作为目标,以海外华人学者为基本作者队伍,通过国际组稿方式努力探索建立并扩大具有自主知识产权的、具有学科特色的海外作者队伍;建立海外分支机构,使其成为出版社面向国际市场的一个窗口,也是负责产品出口和海外事宜联络、信息收集反馈的中心;探索在海外建立合资公司,通过人员、财务、运营管理等方面的协作分工学习并实践国际化服务模式。

(4)实现人才培养国际化

人才竞争是当今国际竞争的焦点,人才的国际化和高质化也是企业发展的基石。为此,高教社确立了以人为本、挖掘吸纳国际国内高素质人才的用人机制。近年来高教社从国内外引进了将近 200 名硕士以上学历的各学科人才,其中还包括不少学成归来的海外学子;安排员工、管理人员出国考察学习已经成为制度。

3.图书版权输出成就

高教社在版权输出方面成绩斐然,24 个语种版本的多种国际型产品行销世界60多个国家和地区，获得"世界知识产权组织创意金奖——单位奖"。

高等教育出版社的当代科技前沿专著系列、Frontiers in China系列英文学术期刊、"体验汉语"泰国中小学系列教材等出版物海外推广项目取得了很大的成功。高教社出版的《跨文化交流中的东西方思想碰撞：新东方主义、新西方主义与洋化倾向》《与中国的跨文化交流：超越本质主义与文化主义》《潘懋元高等教育自选集》《国际汉语教师课堂技巧教学手册》《体验汉字·入门篇（第2册）》《YCT标准教程（4册）》等17本图书入选2017年"图书版权输出奖励计划"三期普遍奖励书目。"体验汉语"系列用书入选"图书版权输出奖励计划"重点奖励项目。

（七）人民教育出版社

1. 基本情况

人民教育出版社（以下简称人教社）成立于1950年12月1日，前身是华北联合出版社、上海联合出版社和华北教科书编审委员会，1961年与高教出版社合并，首任社长兼总编辑是我国著名教育家、文学家、出版家叶圣陶先生。2010年12月和2011年3月，中国教育出版传媒集团有限公司和中国教育出版传媒股份有限公司相继成立，人民教育出版社成为其核心成员单位。人民教育出版社已经从最初的一个部委直属事业单位发展成为一家国内领先、国际知名的大型教育出版企业。

经过几十年的发展，人民教育出版社形成了全方位、多样化、系列化、立体化的出版格局。出版物涵盖了学前教育、基础教育、师范教育、职业教育、高等教育、成人教育、继续教育、民族教育、特殊教育、对外汉语教育等领域；各学科教材均以教科书为核心，配以教学参考资料、教学辅助资料和学具、教具等丰富的教学资源；出版物具备纸介质、电子音像、多媒体及网络出版物等形态。

该社以促进教育出版事业发展为经营理念,以丰富出版资源为目的,先后承担了联合国教科文组织、联合国儿童基金会、联合国人口基金会、联合国开发计划署和世界银行等国际组织的多个项目。作为一个传统的纸质产品的提供者,人民教育出版社在注重产品生产的同时成功地将版权经营和管理与传统业务相结合,并使版权的价值逐渐凸显出来。

2. 国际化发展举措

"国际化"本身就是人教社的战略目标之一,近年来人民教育出版社更是进一步将"国际化"和"走出去"工作提升到战略高度,积极推动本社精品出版物,如对外汉语教材、童书、辞书、教育理论图书、中华传统文化图书的版权输出。人教社还制定了《人民教育出版社著作权管理规定》等规章制度,成立了专门的版权合作项目论证委员会,版权工作人员均有法律专业背景或长期从事版权工作的经历,专业化程度高,能够保证人教社的版权工作在理论研究与实务操作方面始终处于行业的前列。

(1)利用自身优势,推动海外汉语教育发展

为响应国家"走出去"的宏观战略,落实出版社"精品化、数字化、国际化"的三大战略发展重点,同时抓住汉语考试在全球的广泛推广所带来的用户需求,人教社与国家汉语国际推广领导小组办公室(以下简称国家汉办)考试处合作,策划研发了"HSK考试大纲"系列、"BCT标准教程"系列、"国际汉语教师证书"系列三套考试类用书,结合市场需求,更好地服务于国际市场。

近年来,随着人教社在教科书研究、编写上的实力得到海外有关机构的重视,先后有来自新加坡和我国香港、澳门等地的教育机构前来寻求合作,委托人教社的教材编写专家为他们编写中小学华文、公民教育及其他类别的

教科书。例如，受新加坡教育部课程规划与发展署邀请，人教社为新加坡中小学生编写了小学华文及小学高级华文系列教材。受澳门特别行政区教育暨青年局委托，人教社为澳门的中小学生编写了《品德与公民》及《历史》教材。目前，这些教材已经陆续投入使用，深受海外华人子弟的喜爱，为推动海外华文教育贡献了力量。

（2）为不同海外汉语学习群体量身定制汉语教材，建立了完整的产品链

随着世界范围内学习汉语的热潮兴起，人教社也加快了对外汉语教材和其他图书发展的步伐。人教社与国家汉办合作出版的国家汉办规划教材《快乐汉语》《跟我学汉语》，目标读者群为国外小学到高中的学生群体，两套书的发行量都超过150万册，这在对外汉语教材中是绝无仅有的。面向大学的《会通汉语》、面向商务人士的《我的汉语》、面向社会人士的《中国文化读本》和"大中华文库"《西厢记》汉俄对照版及汉西对照版，以及面向国际汉语社会性考试的《HSK考试大纲》《BCT标准教程》《国际汉语教师资格考试大纲》《面试指南》等教材和其他图书版权陆续输出到国外。从学校教材、商务学习资料和工具书到适用于海外的产品和来华汉语学习者的产品，人教社打造了一条从学前、小学、初中、高中到成人汉语学习的完整、系统的产品链，为出版社深入和广泛地进入国际汉语教育领域打下了坚实的基础。

（3）推广国际汉语考试，打造全方位的用户服务生态系统

考虑到各类汉语考试考点多设在海外孔子学院，外派教师或志愿者上岗后都有可能接触甚至成为汉语考试宣传人员和具体工作的承担者，同时这个群体都必须通过国际汉语教师证书考试才能持证上岗，人教社和汉考国际教育科技（北京）有限公司合作进行岗前培训，采用微信营销策略，为每一批培训志愿者建立微信群，并安排专人进行定期的维护。人教社还尝试使用网络远程培训、建设配套数字多媒体资源、开展参与式工作坊等形式，力争为用户提供更全面的学习解决方案。

3. 图书版权输出成就

人民教育出版社自从成为"中国图书对外推广工作计划"工作小组成员以来，多次在版权输出排行榜中名列前茅。"十二五"期间，人教社对外输出版权为563项，每年均超过100个品种，先后与越南、英国、法国、俄罗斯、巴西、新加坡、日本、韩国、印度、越南等国家的出版机构建立了版权贸易合作关系。近三年来，人教社向9个国家输出版权品种达到300种，与19个外国机构和组织建立了合作和长期交流关系，在美国、加拿大等5个国家建立了图书销售渠道。❶

人教社的《标准中文》《跟我学汉语》《快乐汉语》等对外汉语品牌教材版权输出到多个国家和地区，还顺利实现了体现中国现代教育理念和发展的《朱永新教育文集》（十卷本）和《日本侵华教育全史》等文化教育类图书的对外版权输出。2015年，人民教育出版社出版发行的三套丛书"亲亲大社会丛书"（7册）、"亲亲大自然丛书"（4册）和"猫宝宝认知故事丛书"（4册）入选"图书版权输出奖励计划"获奖名单。

人民教育出版社曾获"中国版权产业最具影响力企业"称号。

（八）生活·读书·新知三联书店

1. 基本情况

1932年7月邹韬奋先生在上海创办生活书店，1948年生活书店与成立于20世纪30年代的读书出版社、新知书店在香港合并成立生活·读书·新知三联书店（以下简称三联书店）。1951年三联书店并入人民出版社作为其副牌，1986年1月正式恢复独立建制。2002年4月三联书店划归中国出版集团公司，

---

❶ 数据来源于人民教育出版社官网。

2010年7月随中国出版集团公司改制为企业，现为中国出版传媒股份有限公司全资子公司。三联书店目前旗下有学术出版分社、文化出版分社、综合出版分社、大众出版分社、专题出版分社、信息技术与数字出版部六个出版部门，有《读书》《三联生活周刊》《爱乐》《新知》四种期刊，有北京三联韬奋书店、三联书店（上海）有限公司、三联时空国际文化传播有限公司、生活书店出版有限公司等分支机构。

三联书店以出版人文科学和社会科学图书为主，出版物涉及哲学、历史、文学、艺术、经济、政治、法律和社会生活等领域，在知识界和广大读者中享有盛誉，被誉为"中国知识分子的精神家园"。

生活·读书·新知三联书店是一家具有悠久历史和光荣传统的出版机构，建店以来，始终秉承"竭诚为读者服务"的宗旨，恪守"人文精神，思想智慧"的理念，坚持"一流、新锐"的标准从事出版活动。

2. 国际化发展举措

三联书店基于80多年沉积下来的出版传统和优势，致力于专业版权和国际合作队伍的建设，以"学术"和"文化"为主线，在出版"走出去"的工作中形成自身特色。

（1）细化学术层级，制定针对性"走出去"策略

从学术图书产品线和细分市场的角度来说，"高端学术"与"普及学术"这两类用户群体是有一定差异的，在版权输出对象及合作的国际出版机构选择上也会有一定的区别。专业研究性著作是三联的高端品牌，也是建立学术话语权的奠基之作。以梁思成、陈来、茅海建、唐文明、甘阳等为代表的国际知名学者是三联书店现当代学术金字塔的权重作者，他们的研究成果在海内外皆有广泛的影响力和认可度，如《中国建筑史》《中国雕塑史》《天朝的崩溃》等，吸引了剑桥大学出版社、麦克米伦、劳特里奇等国际知名出版商

的注意，并与三联书店建立了版权合作关系。《中华文明的核心价值》《秦崩》和《楚亡》等，因其通俗易懂、内容鲜活生动，受到了东欧、中亚、韩国及我国港台地区出版商的青睐，实现了多个语种的版权输出。

（2）依靠"明星"产品，为中国与世界学术文化交流搭建桥梁

三联书店围绕"传统文化的当代阐释"和"中国道路的学术表达"两条路径，立足金冲及、吴敬琏、陈来、黄汉民、翟学伟、邢义田等名家的作品，举办发布会，参与版权洽谈商贸活动，加强了与海外出版方良好的合作关系，拓展了新的合作伙伴与协作方式，并与多个合作方特别是"一带一路"沿线国家与地区的出版机构达成合作意向。陈来教授的《中华文明的核心价值》和邓小南教授的《祖宗之法》是三联书店近年来多语种版权输出的重点图书，是深入阐述中华传统文化的价值观、哲学思想及特点的学术著作，代表了中国史学界近年来的创新能力和学术水平，其英文版的签约出版有助于推动中国最新社会科学研究成果的对外传播，提高中国历史学术研究的影响力。

（3）注重合作出版形式的创新，积极探索新途径

凭借与国外出版社的战略合作，推出"走出去"版块。三联书店与重要的合作伙伴施普林格·自然集团合作，将《丝绸之路研究》《御窑千年》《中国文化精神的特质》《福建土楼》与《火枪与账簿》的英文版先后输出到西方主流市场。这些图书的海外传播对中国当代学术与中国传统文化在世界舞台的传播具有重要意义。

三联书店与澳大利亚LP旅行出版公司合作，出版了"LP国际指南"系列图书，目前已出版关于欧洲、美国、日本等的56个品种，发行近90万册，既能满足国内读者自助游的需要，又可以经过翻译供国外游客了解中国，让"国内游"部分"走出去"，扩大中国的影响力。

3.图书版权输出成就

三联书店设置对外合作部,负责对外合作业务的全面规划和运营,承担有关"走出去"重点项目。自2015年起,三联书店版权输出量每年保持10%以上的增长,版权输出涉及19个语种、20多个国家和地区。2017年,三联书店版权输出签约总计达46个,其中外文签约36个,繁体字版签约10个。❶

得益于国家对于文化传播的高度重视,三联书店"走出去"工作多次获得国家奖励激励和资金支持。2015年,《去圣乃得真孔子》《伤痕》《梅雨怪》获评"图书版权输出奖励计划"重点奖励项目。2017年,《何以中国》(俄文)等5个项目入选"中国图书对外推广计划",《生死关头》(越南语、白俄罗斯语、泰语)等12个项目获批"丝路书香"工程重点翻译资助项目,《火枪与账簿》(英文)等5个项目获批"经典中国"国际出版工程,"丝路学术"国际化数据库建设项目获批中央宣传部、国家新闻出版广电总局"丝路书香"工程,《中国建筑史》《中国雕塑史》《图像中国建筑史》(英文版)获国家版权输出优秀奖。2018年,三联书店与施普林格·自然集团就《中国文化精神的特质》《福建土楼》《火枪与账簿》进行英文版的签约,以及《转折年代》俄文版、韩文版和《现代国家与民族建构》土耳其文版的签约。

三联书店曾入选"中国版权产业最具影响力企业"。2018年三联韬奋书店荣获伦敦书展国际出版业卓越奖——"中国书店精神奖"。

(九)北京语言大学出版社

1.基本情况

北京语言大学出版社(以下简称北语社)是国家一级出版社,全国百佳出版单位,成立于1985年,是一家对外汉语教学与研究专业出版社,是当今

---

❶ 数据来源于三联书店公开数据。

中国对外汉语教学与研究领域最具影响力的出版社,凭借着专业特色和读者特点,其国际影响力在中国出版界首屈一指。

该社依托北京语言大学语言教学学科优势,出版以第二语言学习者为主要对象的语言学、语言教学和文化教育类图书。作为外向型出版社,尤其作为以出版对外汉语教材为主要特色的出版社,北语社已出版对外汉语教材3000余种,售往世界各地,以出版的对外汉语教材种类最多、使用范围最广、读者评价最高而成为中国对外汉语教材出版界的领军单位。

北语社坚持专业化的经营理念,坚定走特色化、专业化发展之路,以图书产品精品化、立体化为发展方向,不断强化纸质图书出版、电子音像出版、网络出版三大出版核心和国内营销、海外营销、网络营销三大营销渠道,全力打造一个集语言类图书、音像、电子、网络等多种媒体出版于一身的一流的国际型、专业化出版社。

2. 国际化发展举措

作为外向型的语言类图书出版专业社,北语社自2004年起组织实施了海外拓展战略,版权贸易是北语社海外拓展的主要内容。北语社始终以版权输出作为图书"走出去"的重要形式,积极开展对外汉语教材版权输出,用版权输出来推动汉语教材走向世界,开辟了中国图书"走出去"的特色领域。

(1)差异化版权输出,细化版权贸易管理

在充分的市场调研基础上,准确把握市场走向,本着利我原则,采取差异化策略。例如,针对一些国家和地区采取版权输出形式,如越南、以色列;针对有的国家和地区进行本版产品销售,不进行版权输出,如泰国、马来西亚。"有所为,有所不为",以实现利益最大化。另外,北语社根据版权管理业务特点开发了"版权贸易管理系统",通过该系统能够准确掌握客户信息,了解已输出图书的出版进程和销售情况,规范对已输出图书的样书管理,准确统计已输出图书的版税收入情况，实现了版税管理、样书管理、客户管理的数据化和系统化，为出版社良性开展版权贸易提供了科学准确的数据支持和决策依据。

（2）加强生产链全过程的中外合作，确保产品渠道和经营的本土化

生产链前端的中外合作，即作者团队或编辑团队的中外合作，可以确保选择的内容、表达方式、产品形态符合当地读者的需求，也能确保反映中国内容的准确和翻译语言的地道。北语社主要品牌教材，如《泰国中学汉语教材——天天汉语》《菲律宾华语课本》等，作者团队都是由当地的汉语教师和中国汉语教师共同组成的；又如《新概念汉语》等，装帧设计主体由国外的设计师完成，细节修改由社内的美术编辑完成。生产链后端的中外合作，即前期的编写、审稿、排版在国内进行，后期的印制、发行通过海外合作方在国外进行，如北语社的《轻松学中文》。

（3）积极探索新媒体营销形式，构建网络销售渠道

北语社基于自身的内容资源优势，确立了以发展电子商务为核心、"平台+产品+课程+资源"的网络服务模式，并积极利用各种新媒体技术与海外用户建立直接的联系。例如，搭建自有的跨境电子商务平台；以电子商务平台统合其他自建平台，构建立体营销服务网络；开设"梧桐汉语"微信公众号，让用户及时了解出版社各类产品信息，并不定期举办全球在线微信讲座，为用户提供深层次的培训服务；分国家和地区建设专题QQ群，如"泰国汉语教师群""西班牙语区汉语教师群"等，也按照教材建设专门的QQ群，如"《新实用汉语课本》讨论群""《轻松学中文》讨论群"等，为用户提供有针对性的个性化服务，并与用户建立密切的直接联系。

3. 图书版权输出成就

在北京地区版权输出数量排名前十的单体社中，北京语言大学出版社占比为2.63%。到目前为止，北京语言大学出版社创造了连续6年版权输出总

量全国第一和本版图书产品海外销量全国第一的突出业绩。

北语社对外汉语类产品已走进全球2000多所大学和1000多所中小学课堂，覆盖全世界60多个国家和地区；少数民族汉语教材占除中小学汉语课本外的少数民族汉语教材市场份额的90%左右；外语类图书也具有相当规模，英语考试类图书、小语种图书久负盛名，极具特色。截至2020年，北语社有效输出版权共802种，覆盖美国、德国、法国、俄罗斯、意大利、瑞士、韩国、日本、泰国、新加坡、印度尼西亚、印度、马来西亚等14个国家，成为国内输出版权最多的出版社，取得了良好的经济效益和巨大的社会效益。❶

值得一提的是，北语社研发出版了一批能真正"走出去"的立体化精品汉语教材。《新实用汉语课本》被海外2000多所大学使用，是国外大学使用最多的汉语教材，有英、德、法、西、俄、日、韩、泰、阿9个语种注释版本，被国家汉办评为"优秀国际汉语教材"。《汉语会话301句》是世界销量第一的汉语教材，销量超过120万册，被国家汉办评为"优秀国际汉语教材"，有英、德、法、西、意、俄、日、韩、泰、越、阿、印尼12个语种注释版本和美国本土化版本。《汉语乐园》是多媒体互动儿童汉语教材，被誉为"最受海外欢迎的儿童汉语教材"，被国家汉办评为"优秀国际汉语教材"，获中国出版界的最高奖项——中国出版政府奖，有45个语种版本。《长城汉语》在全球孔子学院广泛使用，被国家汉办评为"优秀国际汉语教材"。《轻松学中文》是适合美国AP、英国IB考试的初高中汉语教材，有英、德、法、韩4个语种注释版本，在美国、欧洲得到充分认可，被越来越广泛地使用。《汉语教程》是亚洲使用最广泛的汉语教材，也是版权输出后重印次数最多的对外汉语教材，有英、俄、日、韩、泰、越、印尼7个语种注释版本。

2017年，北京语言大学出版社申报的五个"走出去"项目全部成功入选"北京市提升出版业国际传播力奖励扶持专项资金项目库入选企业和项目名

---

❶ 资料来源于北京语言大学官网。

单"。其中，海外部申报的"国际汉语教学产品走入'一带一路'国家项目"入选"版权贸易输出入库项目"，"《轻松学中文》系列教材海外推广项目"入选"优秀出版物输出入库项目"；北美分社申报的"北京语言大学出版社北美分社投资建设项目——梧桐出版有限公司"入选"出版企业国外经营入库项目"；对外部申报的"HSK在线学习与评估系统（EASY HSK）"及数字出版中心申报的"面向外国人的汉语互动阅读云平台"双双入选"数字出版产品'走出去'入库项目"。

（十）人民文学出版社

1. 基本情况

人民文学出版社（以下简称人文社）成立于1951年3月，是中华人民共和国成立最早、历史最长、规模最大的文学专业出版机构。在历史发展过程中，除用人民文学出版社之名出版了大量图书外，还先后使用过作家出版社、艺术出版社、文学古籍刊行社、中国戏剧出版社、人民文学出版社上海分社、外国文学出版社等副牌或以分社名义出版过各类文艺图书。2009年8月，人民文学出版社成立了致力于少儿图书出版的全资子公司天天出版社。2010年，人民文学出版社正式转制为企业，更名为人民文学出版社有限公司。2011年12月，人文社成为中国出版传媒股份有限公司的下属公司。

目前，该社已出版图书8000多种，发行近7亿册。其中，翻译出版了80多个国家和地区的重要作家的作品近3000余种，系统地整理出版了30多位中外文学大师的全集、文集，出版了汇集世界一流作家一流作品的《世界文学名著文库》（200种，250卷），依文学史体系整理出版了中国古代和现代作家主要作品的图书系列。人文社着力组织出版当代文学作品，中国当代作家的代表作大多由其出版。该社出版物以高质量赢得广泛称赞，已形成高品位、高质量的"人文版"图书系列,被称赞为"代表中国文学出版的最高水平"。

人文社以出版高品位文化图书为主营业务,兼顾通俗性读物,注重图书出版的系统性和系列化,力求较全面地反映中国及世界各国的优秀文学成果;坚持"古今中外,提高为主"的经营理念,在普及的基础上提高质量,以服务广大的读者群。

2. 国际化发展举措

作为文学专业出版社,人文社深知纯文学作品海外翻译的重要性和艰巨性,重视输出品质及作品的海外影响,坚持高品质、商业效益与社会效益兼顾的版权输出理念。通过与作家签约的方式积累版权资源,在国际出版环境中重点培育部分作家的国际影响力,为中国文学走向世界做出了贡献。

(1)打造"作家经纪"版权代理模式,创新版权输出理念

人文社启用作家作品海外签约代理的模式,希望在全球出版界和读者中间传达更多优秀的中国当代文学的声音。在该模式下,作家与出版社相互信任,紧密配合,共同努力做好海外宣传推广。人文社努力寻找最匹配的海外合作伙伴,按照商业出版的市场规律和国际惯例,让中国作家的作品有尊严地"走出去";同时,通过作品海外版权输出,让作家和人文社更紧密地黏合到一起。

人文社通过参加各类书展、组织各类文学交流活动,面对面地与国外出版商、编辑、读者对话等各种机会带领中国作家走出国门。人文社先后组织了铁凝、贾平凹、张炜、毕飞宇、格非、阿乙、冯唐等众多作家到海外参加多种交流活动,提高了中国作家在海外的知名度。

(2)积极从事中国作家作品的海外推广,成绩斐然

人文社广泛开展对外版权贸易,已与100多家海外出版社及版权代理机构建立了业务联系,向海外出版商积极推介海外版权,开辟了欧洲小语种、

东南亚及与"一带一路"沿线国家的出版合作。铁凝的《永远有多远》泰语版创下了单品近3万册的销售奇迹；毕飞宇的《推拿》售出十多个语种的海外版权；格非的《隐身衣》进入北美、欧洲、拉丁美洲，英语版由美国久负盛名的纽约书评出版社出版，获得美国苏·桑塔格翻译奖，西语版则被西语世界多家重要媒体争相报道，为作家赢得了国际声誉。2018年，人民文学出版社与黎巴嫩雪松出版社签署了《老生》的阿拉伯语版的版权输出协议，该书将在整个阿拉伯语地区发行。截至目前，贾平凹的作品已经被翻译成英、法、德、俄、日、韩、越南语等30多个语种，已经进入英语、西班牙语、瑞典语、意大利语、日语、阿拉伯语等多个市场。

（3）运用新媒体手段，实现多形式、立体化"走出去"的目标

2017年，人文社与澳大利亚的天空新闻（Sky News）公司合作，从外国人的视角出发，由外国电视制作人采访并制作"中国翻译家微访谈""中国当代作家微访谈"视频节目，并将AR技术链接到图书目录中，让国外出版商对中国作家有更直观的了解。针对全世界的汉语热，人文社正在进行有声读物的版权输出的有益尝试。

3. 图书版权输出成就

人民文学出版社现为中国出版集团公司成员单位，在北京地区，中国出版集团占版权输出总量的17.03%❶。人文社2009年设立对外合作部，逐步确定了业务重点——促进中国文学作品的海外推广。

近年来，更是加大了中国文学"走出去"的工作力度，多次组织中国著名作家贾平凹、格非、严歌苓等参加西班牙书展、法兰克福书展等活动，向海外出版商积极推介他们的海外版权。人文社先后将当代长篇小说如魏巍的《地球的红飘带》、阿来的《尘埃落定》、张炜的《古船》、范稳的《水乳大地》、

---

❶ 数据来源于人民文学出版社官网、中国出版集团公开数据。

杨志军的《藏獒》、王刚的《英格力士》、徐小斌的《羽蛇》、毕飞宇的《推拿》、艾米的《山楂树之恋》等输出到国外。《山楂树之恋》版权先后输出到英国、加拿大、法国、西班牙等十余个国家和地区，输出语种多达18个。

因版权贸易成绩突出，人文社多次被相关部门授予"版权贸易工作先进单位"的光荣称号。

二、北京地区图书版权输出典型个案

（一）《羽毛》

1. 图书基本信息

图书名称：《羽毛》。

贸易双方：中国少年儿童新闻出版总社、巴西小字母出版社。

种类：儿童绘本。

作者：曹文轩、罗杰·米罗。

2. 成功原因

（1）文本内容

《羽毛》讲述了一个唯美而又意味深长的故事。一根羽毛一会儿被风吹到这边，一会儿被风吹到那边。"我属于哪只鸟呢？"从某一刻开始，羽毛这样问自己。她开始寻找一只鸟，如同一个孤单的灵魂开始寻找自己的归属。

"我们从哪里来？我们是谁？我们往哪里去？"这三个问题是哲学的终极命题。这样高深的学问能在像羽毛一样薄薄的几页纸上阐释清楚吗？——而且还是给孩子看的图画书。曹文轩的《羽毛》做到了。在艰辛或温馨的追寻中，羽毛知道了自己的根在哪里，也知道自己接下来该做什么。和浩瀚的宇宙和永恒的时间相比，人们在这个世界上就是一个匆匆过客，无足轻重得就像一片羽毛。但是，再轻的羽毛，也有扎向大地的深深的根，这个根是它在这个世界生存和前进的动力源泉。道理的诠释举重若轻，轻得像羽毛一样；而诗一般的语言也像羽毛一样，有一种淡淡的婉约之美。特别值得一提的是，《羽毛》的图画风格简约却富有想象力，与文字非常贴合。

2013年11月，在上海首届国际童书展上，《羽毛》获得"最美童书奖——金风车奖"。2014年1月，《羽毛》在新阅读研究所组织评选的2013中国童书榜中获得年度最佳童书奖。

（2）作者简介

曹文轩，中国作家富豪榜当红上榜作家，精擅儿童文学，任北京作家协会副主席、北京大学教授、现当代文学博士生导师、当代文学教研室主任、儿童文学委员会委员、中国作家协会鲁迅文学院客座教授，是中国少年写作的积极倡导者、推动者，代表作有小说《草房子》《青铜葵花》《山羊不吃天堂草》《根鸟》等。

罗杰·米罗（Roger Mello），2014年安徒生插画奖获得者，其代表作有《红树林男孩》《彼岸之花》《小心翼翼》等。罗杰·米罗于1965年出生于巴西，从里约热内卢大学设计学院毕业后进入插画行业。他曾为100多本书创作插画，并为其中的20本撰写故事。国际儿童读物联盟（IBBY）巴西分会及巴西国家少年儿童图书基金会（FNLIJ）对罗杰·米罗评价很高，认为他是具有杰出贡献的人。他的作品和插画多次获得IBBY巴西分会及巴西国家少年儿童图书基金会颁发的奖项，9次获得巴西最重要的文学奖项——乌龟奖；曾在2010年、2012年和2014年三次获得国际安徒生奖（插画奖）提名，并于2014年斩获此项殊荣，成为巴西第一位获得国际安徒生奖的插画家。

可以说，作者与插画师的国际知名度是该作品版权成功输出的主要原因之一。

（3）版权输出

本着"让世界认可的插画为中国文字插上飞向世界的翅膀"的想法，中国少年儿童新闻出版总社（以下简称中少总社）一改以往的成书以后再进行版权贸易的做法，转向从立项初始阶段即开始联合策划、共同创意、联袂开发的版权合作方式。中少总社主动出击，走出国门，寻找插画师，建立国际合作，最后锁定曾两次获得安徒生奖提名且对鸟情有独钟的巴西插画师罗杰·米罗。《羽毛》版权输出的关键聚焦在双方版权合作的方式。本书作者曹文轩将这次历程形容为"一次非常奇妙的相遇"。2013年3月，在意大利博洛尼亚书展期间，曹文轩、罗杰·米罗分别用文、图讲述了一根羽毛寻找自我的故事，两人的默契及故事背后对哲学问题的追问打动了现场观众，中国作家曹文轩与巴西画家罗杰·米罗先生因为一片"羽毛"而瞬间"合二为一"。马来西亚出版家卡鲁丁当场决定签署版权购买意向书。2014年10月，《羽毛》一书在中国率先上市。2014年11月，在中国上海国际童书展上，《羽毛》的版权成功输出到巴西、马来西亚和美国。这是童书出版领域国际化操作的一次大胆尝试和成功策划。在合作结束后不久，曹文轩和罗杰·米罗分别于2014年和2016年在各自的领域获得"国际安徒生文学奖""国际安徒生插画奖"。

（4）编辑制作

在编辑制作过程中，出版社首先基于以人类共同的话题为创作母题的原则，邀请一流的作家创作绘本故事，表达人类共性的话题，以期引起世界读者的共鸣。出版社认为，曹文轩不仅有作家杰出的艺术表现力，作为学者，他对哲学也有非常深刻的理解，是很合适的作家人选。在与曹文轩沟通的过程中，双方对绘本有几近一致的理解，很快达成共识。然后是寻找国际一流的插画家来绘制插图，希望绘画这一重要的载体能帮助中国故事走向世界。因此，出版社把《羽毛》发给目标画家，为作家和作品寻求跨国知音，最后锁定当时已两次获得安徒生插画奖提名的巴西画家——罗杰·米罗先生。

该书从策划构思开始就已经站在国际视野的高度，追求从题材、故事到深度的国际化。曹文轩在作品中表达的不仅仅是中国现象、中国问题，而是具有世界性、全人类的主题。出版社在寻找画家、与画家深入沟通的时候更多强调的也是国际化与世界性。不过，因为艺术表现的需要，罗杰·米罗运用了不少中国化的元素，画面既丰富又干净，同时流露出中国文化骨子里的一种淡定与清雅，可谓文图相得益彰。

该书的装帧设计和印刷采用了精装布质封面、特种纸内文、烫漆及专色印刷等多种工艺，更加符合国际读者的阅读习惯与喜好。

（5）宣传推介

2013年，博洛尼亚书展期间举办了"好故事，一起讲"国际对话活动，邀请国际儿童读物联盟主席赖泽·卡鲁丁先生、安徒生奖评委会主席玛利亚·基尔女士、中国作家协会副主席高洪波先生及国外20多家出版机构代表参加活动。国内外名人的参与使《羽毛》在海外得到有效推广。2013年9月，安徒生奖评委会主席玛利亚·基尔女士访问中国期间，又举办了"一个美丽绘本的哲学追问——《羽毛》新书发布会"。10月至11月期间，中少总社在当当网推出"读美丽绘本"等一系列推广与促销活动。2014年1月，人民文学出版社、天天出版社成立"曹文轩儿童文学艺术中心"（以下简称"中心"），中心以曹文轩作品为核心，以服务作者、服务读者、服务儿童文学出版和跨行业合作伙伴为定位，业务范围涉及图书出版、海外版权推介、影视版权、游戏动漫、教育培训等方面，并建立了曹文轩儿童文学艺术的全版权运营模式，多方位地挖掘曹文轩作品的品牌影响力。这是中国首个以单个作家为核心的版权运营机构，开创了中国出版经营的新模式。

3. 编者语

"高度的艺术水准、多渠道的海外推介和中外出版机构间成功的版权合作有力助推了其（曹文轩）作品在海外的广泛传播。"❶ 而创新版权运营模式等做法是曹文轩作品海外成功传播带给中国文学"走出去"的重要启示。在国外，立足于作家、文学形象的全版权运营模式已发展成熟，并获得了很大的成功，如 J. K. 罗琳授权公司、迪士尼授权公司、蓝精灵授权公司等。在国内，作家却严重缺乏"全版权"意识。受困于此，曹文轩授权成立了"曹文轩儿童文学艺术中心"，致力于曹文轩儿童文学艺术的"全版权"运营工作。全版权运营不仅能够全面地、专业化地管理作家的版权，而且注重版权输出。

中外童书作家合作多见于图画书和儿童文学领域，"中国作家＋国外插画家"的合作模式逐渐走入人们的视野且精品迭出。中外童书合作有利于中外文化的交流和碰撞，提升中国文化在世界上的影响力，有利于拓展作家、画家的创作视野，提升创作水平，提高中国原创图书的质量，能够让中国原创作品和世界接轨，让世界上其他国家的读者了解中国的作家和插画家。越来越多的中国原创图画书和原创儿童文学作品正在以这种合作共赢的模式输出到世界各地。

（二）《尘埃落定》

1. 图书基本信息

图书名称：《尘埃落定》。

贸易双方：人民文学出版社、霍顿·米夫林出版公司。

种类：长篇小说。

作者：阿来。

---

❶ 杜明业，王炳炎. 曹文轩作品海外传播及其启示 [J]. 科技与出版，2017，36（5）：106.

2. 成功原因

（1）文本内容

一个声势显赫的康巴藏族土司，在酒后和汉族太太生了一个傻瓜儿子。这个人人都认定的傻子与现实生活格格不入，却有着超时代的预感和举止，成为土司制度兴衰的见证人。该小说故事精彩，曲折动人，以饱含激情的笔墨、超然物外的审慎视角，展现了浓郁的民族风情和神秘的土司制度。

作者阿来通过他那支善于描述的彩笔描绘了祖国西部少数民族的风土人情、西部土司制度背景下人们独特的生活方式和玄而又玄的神秘故事，这些恰恰满足了当下人们求新求奇的审美追求。越是地域性的东西，便越可能是世界性的。阿来的作品正是因为具有了这种独特的地域色彩，他作品中的人、物、事遂成为阅读者乐于接受的审美意象。

（2）作者简介

阿来，曾任成都《科幻世界》杂志社社长、总编辑，主要作品有诗集《棱磨河》、小说集《旧年的血迹》《月光下的银匠》、长篇小说《尘埃落定》《空山》、长篇地理散文《大地的阶梯》、散文集《就这样日益在丰盈》。《尘埃落定》1998年3月由人民文学出版社出版。

2000年，《尘埃落定》荣获第五届茅盾文学奖，阿来成为茅盾文学奖史上最年轻的获奖者。评委认为这部小说视角独特，"有丰厚的藏族文化意蕴。轻淡的一层魔幻色彩增强了艺术表现开合的力度"，语言"轻巧而富有魅力""充满灵动的诗意""显示了作者出色的艺术才华"。

（3）译者选择

大多数著名国际出版机构在选择译者时都很挑剔，译者的母语必须是出版机构所在的国家普遍使用的语言，如美国、英国、法国和德国的出版机构都是如此操作。《尘埃落定》英译本是由著名汉学家葛浩文（Howard

Goldblatt）翻译的，他也是2012年诺贝尔文学奖得主莫言作品的英文版译者。译者的翻译水平保证了译本忠实地再现川西高原土司制度瓦解时期的社会文化韵味，有效地传播了中国民族文化。

葛浩文出生于1939年，20世纪60年代在中国台湾学习汉语，获得印第安纳大学中国文学博士学位，目前是英文世界地位最高的中国文学翻译家。他的翻译严谨而讲究，中国老一辈翻译家杨宪益的妻子戴乃迭曾说："葛浩文的译笔让中国文学披上了当代英美文学的色彩。"美国作家约翰·厄普代克在《纽约客》杂志上写道："在美国，中国当代小说翻译差不多成了一个人的天下，这个人就是葛浩文。"经葛浩文之手，萧红、白先勇、王朔、莫言……甚至"80后"的春树（著有《北京娃娃》）等20多位中国大陆和中国台湾地区作家的40多部名作的英语版权输出海外。

（4）版权输出

1999年在美国科罗拉多大学参加讨论会时，作家刘心武将《尘埃落定》介绍给在会的美国著名汉学家葛浩文，葛浩文看过后当即表示希望拿到翻译授权。桑蒂（Sandra Dijkstra，葛浩文的经纪人）读过葛浩文的部分译本后，就积极联系阿来，洽谈代理美国本土出版发行权的问题。顺利签订合同后，《尘埃落定》由美国著名的纯文学出版公司霍顿·米夫林出版公司出版，精装本首印3万册，预付版税达15万美元。

有了第一步的良好基础，桑蒂又把《尘埃落定》一书先后运作到20多个国家，包括塞尔维亚、以色列等小语种国家，共出版了17个语种。

（5）版权代理

对于文学经纪人桑蒂的代理，作者阿来是颇为满意的。他说，桑蒂非常认真，每隔一段时间（一季度或半年）就会传给他一份清单，跟踪通报具体的销售情况，各种版权合同的细节也都要阿来同意才能最后签订生效，即使用于宣传的简介、连载、个人照片，经纪人也会主动沟通，得到阿来本人同意后才使用。当然，代理人还可以争取到一个好价格，这是一般作者不可能达到的。这种情况下，作者与代理人是利益共同体，代理人在成熟的市场环境下有一套规范的运作方法，而作家对国外出版情况不够了解，且全程参与合作谈判也不现实，所以专业可靠的经纪人必不可少。后来，阿来的一些短篇、中篇小说在国内刚刚发表2个月，就在美国的纯文学杂志翻译刊登，这也是经纪人包装的一种方式：扩大作者知名度，为下一本书打开市场打好基础。

3. 编者语

阿来作品的成功输出，除了作品本身吸引人外，文学代理人的作用功不可没。在国外，多数作家都有自己的文学经理人，他们在出版环节中充当挑稿、找作家的角色，在与作者的合作中，他们更有长远眼光，会全盘考虑作家的将来。阿来的《尘埃落定》的成功离不开他的美国专业版权代理机构的帮助。15万美元的预付版税创下了当时国内作家输出作品预付版税新高，这完全得益于专业的版权经纪人。

国际通常做法是版权代理人为出版社做出最新的受众调查，计算出最合理的版税，提供最详细全面的营销计划，找到最有能力的翻译家。以阿来的出版代理人桑蒂为例，她在全世界范围内筛选作家和作品，一旦看好某个作家，就与作家签订代理合同，如果作品经得起市场检验，合作与合同会持续下去，等于"买了一个作家的成长"。一旦签下合同，代理人就对作家的所有作品有了优先出版权。版权代理人的收入来自作家总版税 10%~15% 的提成。

专业版权代理人之间在全世界范围内有一个成熟的网络，对图书在全世界范围内推广能起到很大的作用。阿来感慨道："除了翻译人才的缺失，现在我们更需要的是版权经纪人。"中国作家要想在海外市场取得成功，版权经纪人的运作必不可少。

（三）《解密》

1. 图书基本信息

图书名称：《解密》。

贸易双方：北京十月文艺出版社、英国企鹅出版集团。

种类：小说。

作者：麦家。

2. 成功原因

（1）文本内容

《解密》的主人公是从事破解密码工作的特殊职业者，他有着极高的天赋和智商、孤僻冷漠的性格及幽深莫测的奇幻命运。但是，由于国家的利益和事业的需要，这些特殊职业者的故事往往隐匿于世俗阳光无法照射到的角落。传奇的人生、家族的秘史、天才的智慧、诡异的想象、莫测的命运和荒诞的现实在小说中交织纠缠，给人一种强烈的艺术与思想震撼。小说既有着人物命运和情节本身的张力，又具备丰富的思想和高超的智力，作家构思的奇特、想象的高远和语言的干净利落都是中国当代长篇小说中所罕见的。以大篇幅的心理描写和暗示来塑造人物和布局小说情节，这在中国当代其他类型的小说中是不多见的。该书独特的视角、特别的跨学科写作方式及极强的故事性吸引了海外读者的注意力。

《经济学人》在有关麦家《解密》的报道中第一句话就是："终于，出现了一部伟大的中国作品。"从这一点上我们不难看出中国文学在西方社会中遭遇着何种尴尬，于是抱着这样一种"文化猎奇"心理，带有中国标记的特色文学走向了世界。以往中国传播到国外的作品要么是具有特色乡土气息的农村题材的作品，要么就是表现中国落后、苦难、压迫的悲剧作品，而像这类既有意识形态主流文化又有东方神秘色彩的作品确实给人耳目一新的感觉。《纽约时报》评价:"他书里写的不仅是关于中国的,更是关于今天这个世界的。"这类小说符合西方人的文化心理,因此会得到世界范围内读者的青睐。

(2)作者简介

麦家,当代著名小说家、编剧,现任浙江省作家协会主席,是首位被英国"企鹅经典文库"收录作品的中国当代作家,作品有长篇小说《解密》《暗算》等。小说《暗算》获第七届茅盾文学奖。作品被译成30多种语言,其中《解密》被翻译成33种语言,是世界图书馆收藏量第一的中文作品,被《经济学人》评为"2014年度全球十大小说",英文版被收入英国"企鹅经典文库",是继鲁迅、钱钟书、张爱玲后又一作品入选该文库的中国当代作家。

(3)版权输出

麦家幸运地遇到了专业的版权经纪人谭光磊。谭光磊的光磊国际版权代理公司曾引进过《追风筝的人》《风之影》等畅销书的中文版权。谭光磊认为,"版权输出需要了解国际出版界的游戏规则、话语系统和人脉","我们要打进这个西方产业,真是个很艰难的过程"。他从2009年年底开始推介《解密》的外语版权,直至2011年年初,米欧敏才联系到了谭光磊,并给他翻译的样章。意识到时机已到,谭光磊立刻重新整理材料,通过英国的朋友转送到企鹅出版集团的主编手中,最终签下英文版权合同。2012年,完整英译稿出炉,谭光磊向法劳·斯特劳斯·吉罗(FSG)出版社卖出美国版权;2013年签下西班牙文、土耳其文、法文和希伯来文版权。2014年英文版上市后,媒体好评不断,其他国家的版权陆续成交。《解密》的成功输出对中国作家进入国际市场起到了积极的促进作用。

(4)翻译质量

《解密》的译者米欧敏是一位精通7国语言、专门研究中国先秦文献的英国学者。这位神秘的译者在2010年世博会时到了北京,离京时飞机延误了3

个小时,她就在机场书店挑选了一本中文小说消磨时间,于是,《解密》幸运地遇见了伯乐。译者完全被吸引了,读完后立刻翻译了其中几章准备给她在第二次世界大战时期曾为英国谍报机构效力、并在世界头号破译家阿兰·图灵的指导下工作的爷爷看。米欧敏的译文干净利落,又透着一种古典的美和异国的气质。麦家文字中流露的那种隐秘、诗意的张力在译文中得到了很好的体现,能让异国读者也捕捉到那种美。"这样一个怪异、扭曲、非常的故事,却被作者用优美生动的散文化的语言书写了出来。"❶

(5)市场营销

麦家作品全球宣传推广的总体思路是:以外方出版社为主,国内出版社参与配合;推广形式基本采用欧美习惯的模式,活动的组织以当地出版单位为主安排;参加各种国际书展,深入更多的国家和城市组织宣传活动;调动更多的海外一线媒体,深入主流和大众;以宣传推进更多的版权签约。

环球的宣传活动持续了8个月,举办专访27场,举办高校发布会2场,FSG出版社专门派出一支专业摄制团队,斥资为麦家和《解密》量身定制了一部预告片,来为新书在美国的出版造势;美国《纽约时报》派出文字和摄影记者,对麦家进行了专访,并以显著的篇幅刊登了题为《中国小说家笔下的隐秘世界》的深度报道,称其写作具有"现实意义"和"世界性";法国《独立报》和英国《泰晤士文学增刊》也都对麦家或其作品作出极高评价。《解密》正式出版上市以后,西方的主流媒体又进行了一波铺天盖地的宣传。其中,英国的《每日电讯报》做了上万字的报道;《华尔街日报》又以《中国小说家麦家走向国际》为题,盛赞《解密》是一部读者不可错过的中国小说。

麦家亲赴英国和美国宣传推广,在全球最著名的作家节"HAYFES-TIVAL"

---

❶ 《经济学家》3月书评《每个人都应该读的中国小说》,这篇文章的副标题是"久违了,一部伟大的中国小说"。

举办"解密之夜",并将前期宣传打造的"全球你未知的最著名作家"及"中国最特殊文学现象登陆西方"的概念正面落地,展示中国作家全新的形象。

3. 编者语

本案例再一次表明,具有人类共性的主题、专业的版权代理及翻译,特别是海外汉学家,是中国文化"走出去"的重要媒介。汉学家不但是称职的翻译,更是书稿最有力的推荐者,海外出版社引进翻译图书,往往都会找汉学家审读。鉴于海外译者资源的重要作用,一方面,要建立海外汉学家和译者的数据库,搭建中外作家和译者交流的平台,经常性地开展各种交流培训活动;另一方面,尽管近年来国家各部门建立了各种翻译资助基金,但总体来说,资金支持的力度还不够,面向海外申请的操作性不强。麦家的作品出版了十年,一直没有引起海外出版社的关注,一个偶然的机会才让企鹅出版集团有机会看到这部译作,这也应当引起我们对现有的出版"走出去"资助机制科学性的思考。

国内外出版单位的竭诚合作,共同在全球范围内进行立体化推广的麦家作品全球推广模式为中国出版界提供了借鉴。

(四)《我的父亲邓小平:"文革"岁月》

1. 图书基本信息

图书名称:《我的父亲邓小平:"文革"岁月》。

贸易双方:中央文献出版社、俄罗斯外贸银行和国际文传电讯社。

种类:人物传记。

作者:邓榕。

2. 成功原因

（1）文本内容

《我的父亲邓小平："文革"岁月》为邓小平之女邓榕（毛毛）所著，该书对邓小平十年"文化大革命"期间跌宕起伏的政治历程和悲欢离合的家庭生活做了生动的记叙和理性的思考，披露了大量鲜为人知的历史背后的真相，如毛泽东对邓小平的批判和保护，邓小平同林彪、"四人帮"的坚决斗争，邓小平对儿女的亲情和关怀，展现了一代伟人的思想、品格、气节、胸怀和胆识，以及普通人一般的儿女情怀，记录了整个"文化大革命"期间动荡的历史岁月与政治思想流变。

（2）作者

作者的文采是本书成功输出的原因之一。生动而流畅的笔触，有时大气磅礴，纵横捭阖，有时细腻委婉，声情并茂。精彩之处，偶有炼句，令人拍案，回思良久。据说作者是邓家公认的才女，学生时代所作辞赋，至今家人还能吟咏。

（3）译者

沙博理（Sidney Shapiro），中国籍犹太人，翻译家，1915年12月23日出生于美国纽约，毕业于圣约翰大学法律系，中国作家协会会员，全国政协委员，宋庆龄基金会理事。1952年开始发表译作，翻译了20多部中国文学作品。2010年12月获"中国翻译文化终身成就奖"，2011年4月获"影响世界华人终身成就奖"。

译者的背景和功底确保了该书的翻译质量，更重要的是他非常喜欢这本书，但认为西方普通读者阅读起来会有些困难，因为这本书介绍了极端艰难环境下中国土地上那些引人注目的人物，包括他们的历史、文化和习俗。因此，译者竭力再现了原作的人物风格和精神，并且在译者序言和注释中提供了他本人对此书的理解，为西方读者的阅读做了历史文化背景铺垫，在保证翻译质量的同时补充相关背景知识，帮助读者阅读与理解内容。《我的父亲邓小平："文革"岁月》是一本涉及诸多政治性内容的"感情流水账"，逻辑清晰，感情真挚，语言通俗，平易近人，且口语化特征明显，沙博理的译文"信而不死、活而不乱"。❶

（4）宣传推广

俄罗斯外贸银行和国际文传电讯社组织了《我的父亲邓小平："文革"岁月》俄文版的首发，并负责该书在俄罗斯的出版发行。莫斯科高规格的首发仪式使得俄文版《我的父亲邓小平："文革"岁月》引发了俄语读者的广泛关注。作为中国国际友好联络会副会长，中俄友好、和平与发展委员会副主席，该书的作者邓榕在首发式上的讲话及俄罗斯总统普京在克里姆林宫对代表团的接见，使得这本书在俄罗斯家喻户晓。

普京对作者邓榕说："……他（邓小平）在俄罗斯受到广泛尊重。我将怀着极大的兴趣阅读这本书。"邓小平的思想在中国国内政策与中国对外政策中都得到了体现。俄中后来发展建立全面战略协作伙伴关系，也是邓小平思想的体现。

借用普京的话，许多中国人都知道托尔斯泰和普希金，俄罗斯有很多人也知道孔夫子。现在俄罗斯的青少年都能在课本上读到中国的历史和孔夫子。中俄应重视两国悠久的历史和文化，要让它们更好地服务于两国的未来。《我的父亲邓小平："文革"岁月》俄文版在俄罗斯的出版发行无疑是记录中俄两国友好往来的浓重的一笔。

3. 编者语

"力求向外国读者清晰表达作者的意图，同时展现中国语言文化的原汁原味，从而将真实的中国介绍给世界。"译者沙博理认为，在对外传播中一定要

---

❶ 张经浩，陈可培. 名家名论名译 [M]. 上海：复旦大学出版社，2005.

注意介绍最基本的情况，再加上作者要表达的话意，要让外国受众知道我们是个什么样的国家，了解我们的文化、历史、生活和风俗习惯，也要介绍目前的新情况。这是沙博理关于外宣刊物的思考，也是他在对外翻译工作中所秉承的一个原则。

随着中国经济的崛起和国际影响力的提高，海外读者了解中国国家领导人的愿望逐渐变得强烈，因此国家领袖良好媒介形象的传播也可以成为稳固政治、增强民众凝聚力、传播国家形象的新途径和新视野。❶可以说，国家领导人出版物的出版和海外传播对国家形象的构建作用十分重大。

（五）《三体》

1. 图书基本信息

图书名称：《三体》。

贸易双方：中国教育图书进出口有限公司、美国托尔图书出版公司。

种类：科幻。

作者：刘慈欣。

2. 成功原因

（1）文本内容

作品讲述了地球人类文明和三体文明的信息交流、生死搏杀及两个文明在宇宙中的兴衰历程。《三体》的思想深度特别令人瞩目。作者刘慈欣曾经提出过一个思想实验：假如人类世界只剩三个人，且这三个人携带着人类文明的一切，这时必须吃掉其中某个人才能生存下去，将如何选择。这是一个上升到人性和人类终极命运层面的哲学思考，而《三体》通过这个思想实验从某个角度

---

❶ 聂震宁. 出版业在中国形象构建与创造中的作用[J]. 出版广角，2019（9）：5.

探索了这个问题：如果外星入侵者真的出现，人类社会可能发生怎样的变动，人心会受到怎样的冲击。整个《三体》的主题创作就是围绕这个核心点展开的，而科幻只是叙述的手段，作者真正要揭示的是科幻背后的社会和人类发展问题。这些问题不仅给读者带来生动有趣的科学预言，还引发了人生哲理的思考。西方国家的广大读者往往对生死存亡的世界性终极问题有着极大的兴趣。

（2）翻译质量

在《三体》的译介传播中发挥重要作用的当属华裔美国科幻作家与译者刘宇昆（Ken Liu）。他曾连续两年获得"雨果奖"，一年同时获得"雨果奖"和"星云奖"。他是《三体》第一部和第三部的译者。刘宇昆对中国非常了解，熟谙中文和英文语言结构及文化上的差异，而且对中国最新时局了然于胸。在《三体》的翻译中，故事开头的情景设定在"文化大革命"期间，为了让对中国现当代历史没有充分了解的英美读者更好地理解情节，刘宇昆采用了简单却行之有效的方法——作注脚，给英美读者提供便于理解文本的历史知识；将中国传统二十四节气意译成英语读者可以接受的短语，如惊蛰译为"Awakening of insects（唤醒昆虫）"，而非直接用拼音"jingzhe"。作为译者，他秉承的原则是忠实于原文，不做过多的雕琢，但也不遗漏重要的东西。刘宇昆也会特意保留原文的痕迹，制造出一种"陌生化"的效果。例如，将成语"投鼠忌器"直译成"Do not throw a shoe at a mouse sitting beside an expensive vase（不要向金贵花瓶边上的老鼠扔鞋子）"，而未将成语的潜在含义翻译出来，这种译法能增强读者在阅读时的新奇感。翻译中，译者对于细节如此这般的巧妙处理确保了《三体》这部科幻小说的可读性。可以说，《三体》获得2015年雨果奖"最佳长篇小说"奖与刘宇昆在美国科幻文学界已经获得的地位和影响力是分不开的。

（3）版权输出

考虑到美国图书版权市场通行的惯例是在谈判合作时就要提供作品的全

英文版，中国教育图书进出口有限公司前期就在寻找译者及在翻译文本方面投入大量资金，随后选择了隶属于麦克米兰出版公司的全球知名科幻小说出版机构——美国托尔图书出版公司。中国教育图书进出口有限公司负责人透露，此次在选择合作方时，中方从最初就明确一定要选择具有丰富科幻出版经验的名社。不过也正因如此，外方在谈判过程中非常强势，双方经过14个月的谈判方才达成一致。此次《三体》英文版的版权合作中，中方参与了《三体》英文版的全球营销：搭建《三体》英文版官网，建立脸书和推特账号，制作图书宣传短片和主题曲等。

对《三体》而言，能够跨语境跨文化广泛传播，是国内出版社和国外出版公司通力合作的结果，《三体》得奖的背后有三个出版社团队在起作用。第一个团队是《科幻世界》，它在中国科幻界处于垄断地位，中国科幻作家80%以上都是该杂志社的作者。《科幻世界》自20世纪70年代末就开始从事科幻出版，对国内科幻市场有很深刻的认识，《三体》三部曲即由其出版。第二个团队是中国教育图书进出口有限公司（以下简称中教图），向美国推广《三体》英文版的中方代理和与美国合作方的谈判等都由该公司完成。2012年7月，中教图正式与刘慈欣、《科幻世界》杂志签约，开展《三体》英文版版权输出工作。由于中教图在《三体》英文版出版前后的持续运作，相继吸引了法国南方出版社等多国知名出版商与其签约合作。第三个团队是美国托尔图书出版公司（Tor Books），它是科幻文学领域最专业的出版社之一，在美国科幻出版界有极其重要的地位。2014年11月11日，《三体》作为中国首部版权输出的科幻小说正式登陆美国，其英译本即由托尔图书出版公司出版，英文书名为"Three-Body Problem"。《三体》英译本出版后，其受欢迎程度出人意料，国外读者反响热烈，首印的15000册纸质书被订购一空，出版社很快加印4000册，一度在亚马逊的"亚洲图书首日销量排行榜"上排名第一，并跻身"2014年度全美百佳图书榜"。

（4）宣传推广

《三体》英文版出版之后，媒体和读者反响积极热烈，《纽约时报》《华尔街日报》等主流媒体均对此书进行了报道。在《三体》小说的海外传播中，起到"意见领袖"的宣传作用的是美国作家、《冰与火之歌》《权力的游戏》的作者乔治·马丁。他本人出席了推介座谈会，并在《纽约时报》《华盛顿邮报》等媒体上发表推荐文章。马丁于2015年5月在社交网站Live Journal上撰文谈阅读《三体》的感受："我在读《三体》的时候，猜不到故事的走向，不像有很多作品，我看了第一章就猜到结局是什么了。对于西方文坛，《三体》是一本来自于另一种文化的书，但市场接受度很好，这并不是很常见。"这篇博文在美国科幻读者圈引发强烈反响，随后马丁的书迷开始在Facebook和Twitter上大量转发，仅这篇博文的热度就持续了两个星期。后续的影响范围则扩大到亚马逊《三体》英文版的书评，有不少科幻迷在评论中提到马丁或是马丁的看法。媒体报道、名人推介与评论及社交平台与读者的互动，所有这些因素促使《三体》出现在海外畅销书的榜单上，《三体》英文版全球反响热烈。

通过对图书大量正面的宣传和包装来吸引海外科幻文学领域顶级的出版商参与出版，进而努力去争取该国该语种的科幻文学奖项是中教图开拓海外市场的整体思路。中教图随后相继在法国、西班牙等国开展《三体》的宣传活动，很快便同法国南方出版社、西班牙B出版集团等多国知名出版商签订了版权合作协议。

3. 编者语

语言障碍是信息传播者和受众之间的基本障碍，极大地阻碍了信息的传播，这就需要采取有效的跨文化传播方式打开通路，即"译介传播"。在跨文化传播中，翻译是促成不同民族文学间发生影响的媒介方式之一，属于文字媒介传播。"译介传播"是《三体》小说成功扫除语言障碍，构建有效传播力的"首要路径"。

《三体》这类科幻文学的输出，最大的意义在于"让世界知道，中国人面朝黄土背朝天的传统形象正在发生改变，中国人的宇宙观正在变得更加开阔"。[1]科幻作品在中国图书版权市场上存在"进多、出少"的不平衡现象，《三体》的版权输出是向世界各地介绍优秀的中国科幻作品的一个极好契机。

（六）《江边对话》

1. 图书基本信息

图书名称：《江边对话》。

贸易双方：新世界出版社、宗德万出版社。

种类：宗教、哲学。

作者：赵启正、路易·帕罗。

2. 成功原因

（1）文本内容

《江边对话》由赵启正和帕罗之间三次谈话的内容辑录成书。两位作者的谈话从《圣经》到《论语》，从牛顿到爱因斯坦，从"终极关切"到"和谐社会"，从自然科学到神学及社会科学，内容深入而广泛。虽然两位作者的文化背景不同、信仰迥异，他们之间却丝毫没有产生隔阂。两位作者坦诚、睿智、幽默的对话赢得了中美读者的欢迎和好评。这是中美文化交流史上少有的一次深层次对话。

中国的快速发展日益引起世人的瞩目，在国外出版有关中国的图书正逢

---

[1] 中国教育出版传媒股份有限公司.中国教育图书进出口公司签署《三体》英文图书版权合作协议[EB/OL].（2012-07-22）[2020-09-12]. http://www.cepmh.com/2012/0722/322.shtml.

其时。如何向世界介绍中国正是中外出版人关注与研究的课题。有关国外出版中国图书选题的调查显示：历史、地理类图书最受欢迎，其次就是宗教、哲学类图书。《江边对话》所涉及的内容正在其中，目前像这样在东西方之间涉及宗教和科学等多领域的对话很少见。多位名人阅读过该书原稿，均给予了较高评价。中国国学大师季羡林说："这是东西方文化之间、宗教信徒与非宗教人士之间的一次真诚对话，可谓开创之举。本书对中美两国人民更好地理解对方及本国文化都具有重要意义。我们举国上下所宣扬的和谐思想，是一个伟大的思想，本书中所蕴含的精神，也属于和谐的范畴。"

（2）作者简介

中方作者赵启正曾长期担任国务院新闻办公室主任。他知识渊博、语言生动，因而赢得了国内外受众的好评。其著作《向世界说明中国》系列、《中国人眼中的美国和美国人》及《在同一世界》等深受读者欢迎。美方作者路易·帕罗是美国著名基督教福音派领袖，阿根廷裔的美国布道家，曾在世界100多个国家布道，听众成千上万，在美国和拉丁美洲国家很有号召力。帕罗出版过数十本著作，其学识、口才和个人魅力出众。这样两位具有不同文化背景、不同信仰的人展开对话，他们的思想碰撞正好能满足读者的阅读期待，自然容易引起广泛的关注。

（3）文本形式

交流的最好方式是对话，坦诚友好的对话形式易于为外国读者所接受。其实，历史上的许多传世之作都采取了对话的形式，但记录一位无神论者与一位有神论者的对话和交流，《江边对话》可以说是首创。两位作者作为东西方文化的代表，打破了意识形态的隔膜，通过努力创造了具有不同文化背景、不同信仰的人深刻交流的范本。帕罗本人也认为，美国应该学习这种对话方式，即在相互尊重的基础上展开和平、坦诚的对话，美国应该明白，阐明观点并不需要通过攻击对方才能实现。

（4）版权输出

意识到《江边对话》这类图书在国内国外图书市场上均不多见，具有填补空白的意义，新世界出版社抓住时机积极运作，《江边对话》的中文版和英文版于2006年8月出版。出版社邀请作者在北京国际书展上开展了独特的新书推介活动，立刻引起中外媒体的广泛关注，美联社、华盛顿邮报、南华早报、新华社、中国日报等多家媒体均给予报道。出版一年间，该书的中英文版分别重印了三次；世界传媒巨头之一的贝塔斯曼集团代表购买了北美俱乐部英文版及德文、法文和西班牙文版的版权；世界最大的英文出版商之一、默多克新闻集团旗下的跨国出版集团哈珀·柯林斯出版集团则获得了北美市场的版权。

新世界出版社直属的中国国际出版集团（中国外文出版发行事业局，以下简称中国外文局）是中国开展对外出版的专业机构，在海外业界有较广的人脉，国际合作能力强，是对外出版的排头兵。外方合作伙伴是全球最大的英文出版集团之一的哈珀·柯林斯出版集团和世界四大传媒巨头之一贝塔斯曼集团。这两家企业的业务遍及全球的英文图书市场，他们十分关注中国图书市场。这几家出版单位联手为《江边对话》打开了海外市场。

（5）翻译质量

中国外文局原局长、中国翻译协会顾问、著名翻译家林戊荪先生为该书译者，其学识、素养及深厚的翻译功底为作品增色不少。译者曾翻译和参与翻译出版《孙子、孙膑兵法》《南京大屠杀》《丝绸之路》等多部著作，是我国著名的中译外翻译家之一，在这一领域有很高的造诣。帕罗先生曾高度称赞林戊荪先生的译文"传神、准确"，可作为"英文精读课本"。优质的译文为两种文化和哲学之间的沟通和交流起到了很好的桥梁作用，使《江边对话》的出版不仅引起了中外媒体的争相报道，还在美国政界、宗教界、文化学术界引起关注。

3. 编者语

中国图书版权输出的一个特殊使命就是"向世界说明中国",承担着实现和平发展,构建和谐社会、和谐世界的责任。作为深受中国传统和谐文化滋养的东方人、充满智慧的哲学家和中国政府的高级官员,赵启正先生在"对话"中表现出了广阔的视野、敏锐的洞察力及在平等的基础上"和谐"对话的风范。未来希望能有更多像《江边对话》这种代表着中国文化的图书走向世界,也希望能有更多的外国读者通过阅读中国图书而了解中国。

(七)《联想风云》

1. 图书基本信息

图书名称:《联想风云》。

贸易双方:中信出版社、约翰·威利父子出版公司。

种类:管理。

作者:凌志军。

2. 成功原因

(1) 文本内容

本书对中国最有影响力的民营企业——联想集团20年的发展历史进行了全面揭秘,诸多广受瞩目的人物和事件终于真相大白。作者以史学家的深邃目光、思想家的批判意识和文学家的灵动文笔著就了这本融恢宏的气势、深刻的思想和迷人的情节于一体的大书。在这本书里,读者既可以感受到一个中国企业20年的坎坷历程和生存智慧,也可以体会到中国社会20年的沧桑巨变。本书的成功有赖于它与时俱进的题材。

本书作者凌志军同样功不可没。作者不仅体现出一名记者的公允立场、一个社会思想家的俯瞰高度、一个文字工作者应有的犀利洞察力，而且表现出非凡的耐心和过人的组织才能。作者有意识地从联想公司史、中国当代商业史、世界计算机史和中国改革开放史四个维度关注情节的推进。无论对于联想人，还是经历了时代巨变的国人，似乎都可以用这样的话来概括他们的心声："如果说我们共同的需要能通过利益把我们联系在一起，则我们共同的苦难可通过感情把我们联系在一起。"书中描摹的企业成长路线对于企业界人士是弥足珍贵的。

（2）作者简介

凌志军，人民日报社高级编辑、资深记者，畅销书作家。生于上海，长在北京，没有读过中学和大学，19岁当兵，25岁成为新华社记者，30岁考入中国社会科学院研究生院。1998年和同事马立诚合著的《交锋》引起轰动，也引发了激烈的争论，成为当年中国第一畅销书。2000年出版的《追随智慧》被评为当年"最佳纪实文学"。《联想风云》入选"2005最佳风云榜"，并获得"2005年度北京地区最佳版权输出图书奖"。

（3）译者

译者是精通中文的美国人艾梅霞（Martha Avery）女士，她是美国出版在线集团执行总裁。当她从朋友处得知，一直关注国内经济发展的中国著名作家凌志军将视角转向国内信息技术界的领军企业——联想集团，历时一年完成了这部鸿篇巨制，立即对该书产生了浓厚的兴趣。当她得知凌志军的这部作品花落中信出版社后，立即找到中信出版社，强烈要求亲自翻译该书。在翻译过程中，中信出版社又将部分英译文递交给美国最大的图书出版集团约翰·威利父子出版公司。该公司在读完英译文作品后表达了购买该作品全球英文版权的意愿。可以说，该书的翻译质量在其中起到了决定性作用。

（4）版权输出

《联想风云》全球英文版权被国际著名的出版集团约翰·威利父子出版

公司（John Wiley & Sons，Inc.）购得。在与约翰·威利父子出版公司谈判时，中信出版社经过精心准备，详细介绍了《联想风云》契合海外市场的亮点，对该书版权顺利输出到英文市场起到决定性作用：联想并购 IBM、并购对全球信息技术业产生的影响、中国经济和中国信息技术业 20 年来的发展等这些关于中国崛起的话题在西方一直都很热门。同时，中信出版社在与外商谈判财经类图书版权时，更加关注海外市场的需求。例如，《联想风云》英文版的书名"联想和中国经济崛起的故事"，也是中信出版社与合作伙伴几经推敲的结果。

谈到《联想风云》输出到欧美图书市场的意义时，中信出版社负责人说，虽然进入欧美市场门槛很高，但这次版权输出的成功经验说明，打开欧美图书市场还是有路可循的，那就是理念先导、品牌支撑和人才保障。

（5）市场营销

约翰·威利父子出版公司的编辑对该书进行了全面策划，同时提出希望中信出版社能够提供更多的图片资料来配合宣传。经过充分的准备，该书全球英文版于 2006 年 4 月正式上市。同时，著名的《经济学人》杂志也对此书英文版的上市给予了特别关注，并刊登了专题文章，就书中联想公司 20 年的成长、发展，乃至最后并购"蓝色巨人"IBM 个人电脑事业部的内容进行了介绍。约翰·威利父子出版公司还开展了包括在财经类媒体发布书讯、书评，举办作者凌志军演讲会、签售会等一系列营销活动，加大对该书的宣传力度。

3. 编者语

业内人士认为，《联想风云》的输出，就大背景而言，还是得益于中国经济的崛起，因为 21 世纪全世界发生的最重要的变化之一就是中国的崛起。在这个东西方文化交融并存的时代，中国的经济、文化将得到更多的关注，这也为中国出版者更多地"走出去"提供了条件。

目前，国内财经类企业的管理水平及财经领域的理论研究水平与国际相比尚有差距，管理机制尚未成熟，因而财经类作品的输出难度还相当大，财经类图书的输出在不久之前还是一片空白。《联想风云》体现的不仅仅是一个人的历史、一个中国本土企业的历史，它更是中国改革开放40多年的一个历史见证。将这部作品输出到世界主流图书市场上，它的社会意义远远大于其经济意义——要让世界更深入地了解中国、中国的企业、中国的企业家们，以及他们思想深处所负载的对国家和民族的使命感。

（八）《水煮三国》

1. 图书基本信息

图书名称：《水煮三国》。

贸易双方：中信出版社、中国台湾先觉出版社与日本JAM出版社。

种类：经管。

作者：成君忆。

2. 成功原因

（1）文本内容

《水煮三国》在文本和管理思想上都有着鲜明的特色。作者将三国看作竞争市场中的三类公司，曹操、孙权和刘备为三种不同类型企业的管理者，借"三国人物"之口，将市场竞争中方方面面的谋略精华"煮"于一炉。该书"大话"风格的背后有着普通人喜欢的内容，作者演绎的三国故事大都是组织中人与人之间的互动，在老少皆知的三国故事背景中写出了中国人对管理的一些独特的理解，因此令读者倍感亲切。

（2）作者简介

成君忆，管理学专家，中国管理文学的开创者，曾经参与创办亚太人力资源研究协会和亚太人力资源网,并担任副秘书长,被誉为管理学界的文学派和文化学派。其出版的同类著作颇丰,包括《水煮三国》《孙悟空是个好员工》《渔夫与管理学》《像园丁那样管理》《管理三国志》《千里走三国》《爱情经济学》《世界上最珍贵的宝藏》及《洗澡——危机时代的组织变革》等,可谓管理类高产作家。

(3)市场营销

据北京开卷图书市场研究所的统计,《水煮三国》2003年11月位列非虚构类图书销售排行榜第一名。作为本土原创经管类图书,能够取得这样好的成绩,与中信出版社"首推内容后推人"的整体策划和该书的文化底蕴的营销策略是分不开的。作为古典名著的《三国演义》为广大读者所熟知,中信出版社便在图书内容上大做文章。他们先在报纸上连载,在新浪网上做不完全连载,与读者互动,然后在媒体上发表一系列书评。这些直接针对图书内容所进行的大力宣传对于该书的热销起到了促进作用。中信出版社还策划让作者成君忆陆续接受媒体的采访,在媒体上与读者进行交流,从而建立作者品牌。正是这种事半功倍的营销方式使得《水煮三国》不但在国内畅销,而且迅速引起海外市场的关注。

(4)版权输出

中信出版社在开始运作该书时就想到要向海外输出,并且清楚地界定了该书的海外市场,即熟悉三国故事的东南亚国家及我国港台地区。通过与海外出版者的积极沟通,在《水煮三国》面世仅一个月后,中信出版社就成功地将中文繁体版、日文版版权分别输出到中国台湾地区及日本。

3. 编者语

利用传统文化的亲和力来构建读者对作品的关注度与忠实度,是中信出版社提高作品竞争力的新尝试;在定位海外读者市场时,重点考虑该书版权输出地的人文特征及中国文化在当地的影响力。这些国家和地区的经济发展跟中国大陆密切相关，如日韩图书市场对中国企业经营和管理状况类图书的需求越来越大。体现我国博大精深的传统文化的古典名著长期以来在广大读者心目中有着无法替代的地位，《水煮三国》的作者和出版社在选题策划、市场营销运作方面独辟蹊径地利用了文化营销的力量。❶

本案例告诉我们，成功输出版权首先需要了解国际市场的图书需求，在对内容进行选题策划之初就应该有准确的判断与清晰的营销方案。现代化技术力量和激烈的市场竞争已经使得同类产品的性能十分接近，因而消费者对它们的性能区分的意义越来越小。在这种情况下，产品的差异化策略是企业获得并保持竞争优势的基本战略。图书出版物也一样。

（九）《汉语900句》

1. 图书基本信息

图书名称：《汉语900句》。

贸易双方：外语教学与研究出版社、美国汤姆森学习出版集团。

种类：对外汉语。

作者：国家汉语国际推广领导小组办公室（国家汉办）。

2. 成功原因

（1）文本内容

《汉语900句》是一套为海外汉语初学者编写的实用口语教材，旨在使读者在较短的时间内，以轻松有趣的学习方式掌握基本的口语会话，迅速提高

---

❶ 邓香莲，曾湘琼.《水煮三国》是怎样"烹调"出来的[J]. 编辑学刊，2006（3）：62.

汉语交际能力。《汉语900句》所编900句是日常生活中最常用的交际用语，其中包括700多个汉字、1500个基本词汇、450个补充词语及100个最基本的句式。

（2）出版单位

此书由中外两家知名出版社——外语教学与研究出版社（外研社）和汤姆森学习出版集团（Thomson Learning）合作出版。作为中国目前旗舰级的外语出版社，20多年来，外研社以"记载人类文明，沟通世界文化"为己任，出版了一大批优秀外语图书。近年来，外研社又全面进军对外汉语图书市场，计划投资出版十五大系列近2000种产品，形成出版、培训、网络服务的综合性平台，为外国人学习汉语、了解中国文化提供解决方案。《汉语900句》的出版正是外研社实施"对外汉语出版战略规划""借船出海""走出去"的重要一步。诚如该社时任负责人所言："在过去的20年里，外研社为中国人学外语、看世界打开了一扇窗户。今后，外研社要为外国人学汉语、看中国打开一扇窗户。"

汤姆森学习出版集团是全球最大的学习和教育出版集团之一，和外研社有着紧密的合作关系。《汉语900句》是汤姆森学习出版集团在全球范围内发行推广的首部汉语学习产品。汤姆森学习出版集团首席执行官格瑞·布朗先生在签约仪式中说："汤姆森学习出版集团很荣幸能为推动汉语在国际上的应用贡献力量。相信在各方的紧密配合下，这本书在世界上的发行一定会取得优异的成绩。"

（3）政策支持

本书是国家汉语国际推广领导小组办公室的重点招标项目，由外研社与国际知名教育出版集团——汤姆森学习出版集团合作出版，利用国际发行渠道在世界50多个国家进行推广、销售。《汉语900句》的编写出版得到了国家的高度重视，陈至立国务委员非常关心本书的编写和出版工作，她审读了书稿并题写了书名。国家汉办对本书的出版工作给予了大力支持和帮助。

（4）市场定位

目前世界范围内汉语学习快速升温。中国汉语水平考试（HSK）考点遍布世界五大洲，累计有37万人次参加国内外近200个考点的HSK考试。相对于日益升温的汉语学习热，对外汉语教材的建设却相对滞后，市场上迫切需要内容鲜活、生动有趣、简明易学、大众化、普及型的新型对外汉语教材。而《汉语900句》由中外两家知名出版社合作出版，在世界50多个国家进行推广、销售，顺应了世界汉语学习需求迅速增长的历史潮流。

（5）宣传推广

第58届法兰克福国际书展开幕的当天上午，外研社和汤姆森学习出版集团联合主办了"《汉语900句》全球合作出版签约仪式"。新闻出版总署、中宣部出版局、国家汉办相关领导及北京外国语大学副校长兼外研社社长李朋义、汤姆森学习出版集团首席执行官格瑞·布朗出席了签约仪式。出席签约仪式的还有来自越南、立陶宛、俄罗斯、德国、美国的出版商代表和法兰克福大学师生代表，中央电视台《新闻联播》、人民日报、新华社、中华读书报、BBC、*Publisher's Weekly* 等海内外重要媒体均予以报道。2006年8月30日北京国际图书博览会开幕当天，外研社和汤姆森学习出版集团联合主办了"《汉语900句》新书发布会"，深受好评。

3. 编者语

本书在世界50多个国家进行推广、销售，成为我国出版业"走出去"的又一成功案例。长期以来，中国出版业贸易逆差严重，版权输出与引进不成比例，文化交流严重不对等。《汉语900句》以14个语种出版，为中国出版业实施"走出去"的战略提供了一个很好的借鉴。

中国综合国力日益增强，对外影响力不断提升，使得"汉语热"急速升温，各大出版社纷纷涉足对外汉语教材出版，对外汉语教材版权输出的规模也不断扩大，国内外对外汉语教材出版市场正迎来新一轮的增长。由于海外市场的分散性、不同国家语言学习者的差异性，如何凭借自身实力打通版权输出渠道，使教材本土化、品牌化成为各大出版社开拓和培育海外市场的关键。本案例告诉我们，合作出版、强强联合是一种行之有效的"走出去"策略。对外汉语教材应更多、更快地走向世界，为外国人学汉语提供更多的优秀出版物，也让世界更多地了解中国。

（十）《大国崛起》

1. 图书基本信息

图书名称：《大国崛起》。

贸易双方：中国民主法制出版社、韩国三星出版公司。

种类：历史。

作者：中央电视台《大国崛起》节目组。

2. 成功原因

（1）文本内容

本书以历史的眼光和全球的视野，解读15世纪以来9个世界性大国崛起的历史，追踪和研究世界大国兴起的轨迹，总结大国崛起的个性特征和基本规律。本书在尊重历史事实的基础上，以历史故事的形式，运用富有思辨性的语言，描述了自15世纪以来葡萄牙、西班牙、荷兰、英国、法国、德国、日本、俄罗斯、美国9个国家竞相登上世界舞台中心的历程。全书站在整个世界文明的高度，以全球的视野和历史的眼光，从政治、经济、思想、宗教、艺术、军事、外交等多个角度全方位深入分析大国兴衰的成败得失。

（2）市场定位

随着"大国崛起"丛书在国内的热卖，中华版权代理总公司发现该丛书引起海外许多出版商的极大兴趣。职业的敏感使他们开始关注这套书。他们对书的创作背景、内容及形式做了认真分析，结论是这套书在亚洲的一些国家应该会有一定的市场。首选就是韩国，虽然韩国和中国的基本国情、发展阶段、社会制度不同，但是同样处于经济飞速发展的阶段。而这套书正是通过解读15世纪以来世界性大国崛起的历史，追踪和研究世界性大国兴起的轨迹，总结大国崛起的个性特征和基本规律，探索新形势下中国发展的战略选择，为中国的发展提供借鉴。韩国和我国有相似的历史背景和文化传统，两国文化交流的历史源远流长，再加上近几年两国出版和版权领域的交流合作频繁，因此中华版权代理总公司认为这套书在韩国一定会有市场。

（3）版权输出

由于韩国正在热播《大国崛起》系列纪录片，所以韩版图书的翻译出版也应趁热打铁，谈判的战线不能拉得太长，否则会错过出版的最佳时机，反而会影响图书的销售。于是，出版社迅速把丛书简介翻译成英文，而后再请人翻译成韩文，并搜集了国内大量的相关报道，通过中华版权代理总公司一并提供给韩国出版社。同时，为了稳妥起见，他们把这套书的韩国版权全权委托给了韩国 Imprint 版权代理公司，后者是韩国一家权威的版权代理公司，由他们代为把握出版社的资信等情况。这家公司为这套丛书专门召开了推荐会，随后多家出版社都表示了购买意向。

中华版权代理总公司经过认真比较，决定重点向其中两家出版商推荐。他们提出了比较详尽的洽谈方案，巧妙地在权利人和使用方之间斡旋，在权衡两家出版商各方面条件与资信后，最终与其中一家出版商就该系列丛书签订了韩语版权输出合同。至此，从决定向海外销售版权开始，到最后完成合同签订，总共用了不到一个月的时间。

3. 编者语

韩国已成为我国重要的版权贸易伙伴，韩国读者对我国图书的需求日益增长，尤其是对中国的崛起及民俗文化类图书非常感兴趣。据国家版权局统计，2004—2014年，中国共向韩国输出图书版权3398项。从输出版权的国家和地区来看，韩国位居前十。

"大国崛起"丛书韩语版权的成功输出彰显了中华版权代理总公司作为国家级版权代理机构在对外版权贸易方面的实力和实施"走出去"战略的积极姿态。中华版权代理总公司虽然是代理机构，但可以称得上是版权代理公司中的"国家队"。中华版权代理总公司根据韩国市场对中国图书的需求趋势和电视纪录片《大国崛起》在韩国针对学生的教育电视台EBS播出的情况，提出了详尽的洽谈方案，保证了版权谈判的顺利进行。中华版权代理总公司的职业敏感度、专业化运作方式及其多年积累的代理经验是"大国崛起"丛书成功输出的关键。

三、结语

增强国际竞争力、走国际化发展的道路，北京地区出版企业或通过设立海外分社，准确把握当地文化，推出适应读者需求的本土化产品，或采取收购外国大型出版公司的办法开拓和扩充国际市场，或与国际出版机构建立合作伙伴关系，从而更加了解对象国市场及全球出版趋势。这些国际化发展举措无疑促进了出版企业在世界范围内业务的拓展、版权输出能力的提高。

作为一种大众传播媒介，图书有着悠久的传播历史；作为文化的载体，图书在文化的传承中具有其他媒介无可比拟的优势，理应成为文化传播尤其是文化对外传播的重要渠道。中国图书是中国文化的附着物，其中蕴藏着中华民族的礼仪习俗、价值观念、思维方式、情感信仰、民族精神等文化因素。中国在五千年的历史长河中积淀的厚重文化，正是通过图书这一古老的大众媒介得以流传和发展更新。可以说，图书版权输出不仅仅是经济贸易行为，更是一种文化传播活动，是中国博大精深的文化得以延续不断、发扬光大，并为世界民众了解和接受的重要渠道。所以，中国图书版权输出应当仁不让地成为中国文化对外传播不可或缺的媒介和载体。

第三章　北京地区图书对外版权输出存在的问题与对策

一、北京地区图书对外版权输出的问题

国际版权输出贸易的开展基于国力提升与国际需求。中国经济的崛起与政治地位的提高使得越来越多的外国人渴望了解中国，作为首都的北京在借助图书版权输出传播中华文化、"讲好中国故事"中起着至关重要的作用。近年来，北京地区版权贸易总量一直稳定保持在全国的一半以上，成为版权输出重点地区。数据显示，2016年北京地区图书版权输出量占全国图书版权输出总量的48.03%，2017更是高达60%，总体发展呈上升趋势。但是，北京地区出版企业的图书版权输出仍面临诸多问题。

（一）版权贸易逆差仍然存在

尽管近年来政府加大了对中文图书译介和出口的扶持力度，贸易逆差逐步缩小，但是涉外图书版权贸易中引进与输出的"逆差"现象一直存在。作为版权输出主力军的北京地区版权贸易逆差逐年缩小，但引进与输出比例不平衡的局面始终没有扭转。2014—2016年的图书版权贸易数据显示的引进与输出比例分别为2.00∶1、2.20∶1和2.46∶1。由于目前图书版权引进的利润大于输出，从事海外出版的出版社越来越多，从海外引进版权更是成为民营

出版机构的捷径,因为这些图书已经过海外市场检验,比自己去挖掘和培养中国作家更省心省力。同时,对国外市场需求了解不深,目标市场定位不准确,缺乏真正具有国际市场潜力的作品储备与来源等,均是导致版权贸易逆差的原因(表3.1)。

表 3.1　2014—2016 年北京地区图书版权引进与输出数量对比

指标名称	2014 年	2015 年	2016 年
版权引进(种)	8647	8439	9994
版权输出(种)	4331	3840	4058
引进与输出比例	2.00∶1	2.20∶1	2.46∶1

(二)输出体量、主题种类与地缘范围有限

从近年北京地区图书年出版数量来看,与年出版发行的图书数量和种类相比,年版权输出的数量可以说微乎其微。以 2016 年为例,北京地区出版图书 213413 种,出版图书种数占全国的 42.69%,但同年图书版权输出仅为 4058 种,仅约占出版总量的 1.9%。可以说,图书版权输出的体量亟待提升(表 3.2)。

近年来,虽然科技、教材和教辅类图书的输出所占比重不断增加,但是文学、少儿读物、文化类图书仍位居前三位。根据中国新闻出版研究院公布的版权输出数据,2017 年北京地区输出版权的图书中,文学类占 15.54%,少儿类占 15.06%,文化类占 13.47%,社科类仅占 4.33%。

表 3.2　2014—2016 年北京地区图书出版种数与图书版权输出种数对比

指标名称	2014 年	2015 年	2016 年
图书出版(万种)	19.43	20.60	21.34
图书版权输出(万种)	0.43	0.38	0.40
出版与输出比例	45.19∶1	54.21∶1	53.35∶1

海外读者对中国作品的兴趣似乎仍然停留在传统医学、《三国演义》和《西游记》等传统经典文学类图书，或者少量热映的影视剧原著，对中国当代作家的作品、社会与科技等类的图书感兴趣的甚少，这种状况与目前中国在国际上的政治与经济地位不相符。

输出地缘范围小，西方主流市场有待进一步开拓。2016年的数据显示，北京地区图书版权输出仍集中在我国港澳台地区及韩国、日本和新加坡，其中我国港澳台地区占输出总额的28.04%，日本、韩国及新加坡占14.29%，英、法、德占10.28%，北美地区占5.37%，俄罗斯占6.33%，其他国家和地区占35.58%。也就是说，42.33%的输出图书集中分布于我国港澳台地区和其他亚洲国家。图书版权输出地过于集中，受众范围有限，严重削弱了中华文化传播的影响力（图3.1）。

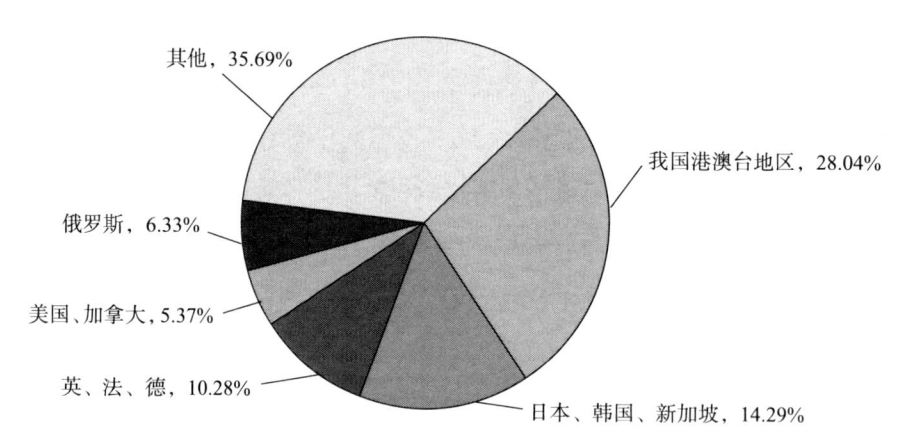

图3.1　2016年北京地区图书版权输出国家及地区分布

（三）语言障碍与文化隔阂

汉语属于高语境语种，与多数属于低语境语种的西语系语言差别比较大，而语言差别是文化差异的主要表征。出版是以文化为内涵的产业,当图书需要以另一种语言翻译出版,以另一种文化来表达时,翻译就不仅仅是技巧问题,更是两种不同文化的沟通和交融。毋庸置疑,语言障碍是我们谋求扩大版权输出时应首先解决的重要问题。

当下中文还不是世界主流语言,世界上其他国家与民族很难理解中文图书。高水平的翻译人才在国内比较缺乏,翻译过程中难免会有"文化鸿沟"。对于翻译质量的重要性,小说家莫言坦言:"得诺(诺贝尔)奖离不开翻译。"面对世界其他国家与地区,中文图书翻译质量与文化内涵必须实现双向匹配,否则翻译质量直接影响到海外读者对中国故事的理解。需要重视的是,"解码者"即海外读者的阅读习惯和思维方式导致其对我国出版内容的解读具有主观能动性,版权输出的出版物的翻译水平直接影响对外传播效果。

(四)原创优秀作品匮乏

目前,我国较缺乏能够引领世界文化潮流的原创优秀作品来主动激发海外读者的阅读欲望,这使得版权输出地域和体量受到限制,对外传播影响力的提高亟须从简单的规模增长转向更高的质量保证。我国是世界出版大国,却不是出版强国,虽然与现代文化传播意义上的新兴国家不同,我国拥有丰富的文化资源和辉煌的文化交流历史,但同时也陷入后继乏力的窘境。这一方面是由于本土原创作品的先天不足,能够反映时代变迁、抒写民族命运、表达家国情怀、弘扬核心价值、启迪民众心智、传承优秀文化、阐释科学精神、传递绿色理念的作品还不多,另一方面也源于创作中文化自信的不足,对自身文化价值的挖掘和民族精神的彰显不足。

（五）输出渠道与推介手段单一

版权输出手段有限，多依靠出版社版权部门、大型书展及版权代理机构这些单一的版权交易渠道，而现状是出版企业内部的版权部门岗位配置或不明确或人员不足，参加书展的目的性不强。另外，版权代理机构的专业化、国际化水平有待提高。目前其业务多是国外图书的版权引进，版权输出业务开展不够，且主要集中于文学作品种类。此外，海外市场开拓乏力，产品与作者的立体化宣传等手段有限，且效果有待提高。

（六）版权代理机制不健全

与国外成熟的版权代理机制相比，北京地区现有版权代理机构多为各地版权局下属事业单位，人员身份介乎公务员与事业编制之间，缺乏企业作为市场主体应有的紧迫感与明确的战略规划。另外，版权代理公司的设立要经由国家版权行政机构和工商管理机构共同审查，"门槛"高且手续烦琐。

与此同时，版权交易主体是在政府主导下通过转制逐步过渡到市场主体地位的出版社，市场化运作能力还有待提高。更严重的是，有的出版社因为不相信或缺乏专业的版权代理机构而一定要成立自己的版权部门，版权代理机构则因普通作者带来的利润空间小而不愿意有更多的投入。另外，一本图书从联系到成交周期较长，代理利润微薄，作者、出版社及版权代理机构之间缺乏信任等都导致版权代理市场发展无序。

因岗位设置不合理、个人收入低等原因导致专业的版权代理人员短缺、流失严重。成立较早且代理业务较多的中华版权代理总公司和北京版权代理有限责任公司的专职员工人数也不过 10 人左右，很多代理机构工作人员只有一两位。调查显示，目前版权贸易从业人员的构成中有近 40% 为从业 3 年及以下的、缺乏国际贸易经验的新人。这些从业者了解国外图书市场状况和中文图书需求的途径非常有限，专业知识、外语水平及谈判能力等均有待提高，他们当中具备国际组稿和立体化全球营销等能力的人才也少之又少。版权代理需要知识、经验、客户及信誉等多方面的积累，而从业人员队伍的不稳定严重制约着版权代理制度的健康发展。这些弊端和不足导致代理人或代理机构信任危机，后果就是多数出版社版权贸易的主要途径是自己与国外版权所有者联系，借助于版权中介机构开展版权贸易业务的仅占少数。

二、北京地区图书对外版权输出的对策

（一）图书对外版权贸易

1. 版权贸易

版权贸易，又称著作权贸易，是属于许可证贸易范畴的一种基于版权的许可或转让过程中发生的贸易行为，是各类作品著作权的许可使用与转让，包括国内贸易和国际贸易。版权贸易涉及的范围非常广泛，通常凡是文化产业中将版权作为买卖标的物的交易均可视为版权贸易。实际上，在我国，版权贸易多数情况下指的是国际或者对外版权贸易。对外版权贸易是指一个国家的版权所有者或其合法代理人，按照一定的交易条件，将其版权中的经济权利转让给另一个国家的版权受让者或许可另一个国家的版权使用者使用的交易行为。

2. 对外图书版权贸易的属性

对外图书版权贸易与一般的货物和服务贸易相比较，除了具备经济功能之外，还具有文化传播功能。究其本质，版权贸易是贸易行为的一种，之所

以区别于其他贸易行为，是因为其贸易的标的对象不同。版权作为一种标的物，看似无形，却是一种被赋予特殊价值的文化产品。这种产品的特殊性在于其内容具有文化属性，同时这种具有文化属性的内容在传播过程中又具有不断增值的经济特征，因而在版权贸易过程中，这两种属性始终相伴相随。

（1）经济属性

无可置疑，当出版演变成一种文化产业之后，它生产的产品——图书就变成了一种商品。作为一种商品，它的生产活动也就必须要遵循商品生产流通的基本规律，生产出来的产品必须以市场为导向。这一过程中，图书版权贸易的经济特性是显而易见的，它本身就是经济增长的推动力之一，是国民经济的重要组成部分。《哈利·波特》作为一个版权个体，在版权贸易过程中产生了一系列经济效益，如作者J. K. 罗琳的版税收入、图书出版商和发行商的销售收入、电影制片方和影院的收入及其衍生品的收入等。版权贸易具有经济功能显而易见，无论版权产品所体现的经济价值，还是版权产业在国民经济中的重要地位，都表明版权贸易经济功能的存在。更重要的是，作为一种产业，版权产业已经成为各国文化产业的核心力量。

（2）文化属性

英国文化人类学的奠基人爱德华·泰勒在1871年出版的《原始文化》一书中，第一次把文化作为一个中心概念提出来，并把文化的含义系统表述为："文化是一个复合整体，包括知识、信仰、艺术、道德、法律、习俗以及人类在社会中所获得的一切能力与习惯。"而图书是一种文化的载体，"以图书交换为内容的国与国之间的图书商品贸易的主要内容是知识产权的贸易，即图书贸易根本原因是其文化价值方面存在的交换需要。图书贸易是因为一国图书精神文化上的东西是另一个国家所稀缺的，因此，图书贸易的本质是一种文化价值的交换"。[1]

---

[1] 李蔓.图书贸易与经济文化的发展和交流[J].国际贸易问题, 1998（2）：55-58.

美国著名出版家 H. S. 贝利曾指出："出版是一种具有文化意义和社会意义的活动，出版事业首先在于其文化事业性质。"❶ 我国的刘杲先生也提出："出版：文化是目的，经济是手段。"❷ 从某种程度来说，文化属性是图书版权贸易的根本特性。

国务院新闻办公室原主任赵启正先生总结："图书的国际版权贸易是一种特殊的国际贸易，它是经济活动中的文化事业，又是文化交流中的经济活动。"❸ 图书和对外图书版权贸易的性质和作用表明了它与一般的商品贸易有所不同，它既可以带来巨大的经济利益，又具备传播文化的功能。文化传播功能是图书贸易区别于其他一般货物和服务贸易的重要特点。图书版权对外输出贸易的发展关系到一国政治、经济、文化等方面国际战略的实施。可以说，图书版权贸易作为一种重要的信息载体、一种文化传播手段，是让外面的世界了解中国的重要桥梁之一，在讲好中国故事、推进文化"走出去"战略方针中起着重要的作用。

3. 跨文化传播与图书对外版权贸易

"许多人类学者都认为，要说明社会文化的差异和相似，最有力的解释是传播。"❹ 因此，文化的传播对世界各国家和民族的文化发展都具有重要的作用。任何一种民族文化，只有经过与其他文化的交流和激荡，取其精华，弃其糟粕，才能丰富和发展自己的文化内涵。从这个意义上来说，作为传播文化成果载体的图书版权输出是文化输出的重要形式之一，实属跨文化传播行为，也必然肩负着建构民族精神谱系的重要责任。

跨文化传播是不同文化背景的个人、组织和国家之间进行的资讯交流与

---

❶ 周蔚华. 从出版物的双重属性看出版者的社会责任 [J]. 中国出版，2004（9）：14.
❷ 同❶.
❸ 赵启正. 善于"俘虏"他人的"说道"——序《版权贸易十一讲》[J]. 中国出版，2011（3）：77.
❹ 杨彬，李素杰. 江户以前中国小说东传日本的阶段性特征 [J]. 中国文学研究（辑刊），2010（6）：358.

沟通。作为一种社会现象，跨文化传播在我国自古以来就已存在：汉代的张骞出使西域是区域间不同文化的交流，唐代的鉴真和尚东渡日本和明代的郑和下西洋等均是不同国家的文化交流。可以说，那个时代，商人、传道者、航海家等是跨文化传播的主要使者，人际传播是跨文化传播的唯一形式。随着人类文明的进步和科学技术的发展，新兴的大众传媒手段使得跨文化传播变得异常便捷与活跃，这其中包括国际图书版权许可与使用。

在文化发展中，版权是基础性的、战略性的，如果脱离了文学、音乐、舞蹈、艺术、影视等作品，文化传播就成了无源之水。原新闻出版总署副署长邬书林指出，图书版权贸易是中外文化交流的基础性工作，出版企业要继续高度重视图书版权输出和引进工作。当前，中国正在不断发展壮大，世界了解中国的愿望日趋强烈，输出版图书可以让世界了解中国，引进版图书则可以让中国更好地了解世界，借鉴吸收国外优秀文明成果。❶

北京作为中国的首都，是一个集政治、经济、文化于一体的综合性大都市。在北京我们可以感受到浓浓的文化气息，这种气息不仅来自历史文化的遗存，还有文化企业和文化传播活动的烘托。北京地区云集了全国40%以上的出版企业，绝大多数出版企业都开展着版权贸易业务，其中不乏活跃者，他们在创造经济效益的同时责无旁贷地承担着文化"走出去"的历史重任。

（二）跨文化传播视域下的图书版权对外输出策略

对于图书对外版权输出来说，从表面上看是通过图书承载文化的交流与传播，但细化到整个图书版权输出过程中来看，仍然落到了人际传播上。从图书选题策划、作品翻译、版权谈判、国际市场开拓到寻求版权合作伙伴等，

---

❶ 国家版权局.邬书林出席"第十一届输出版、引进版优秀图书"颁奖典礼[EB/OL].（2012-09-03）[2019-11-02]. http://www.gapp.gov.cn/govpublic/ 1019/83477.shtml.

都离不开人际交流。在这个过程中，图书版权拥有方要将某一选题通过版权买卖的方式售卖给不同文化背景的国家，必须进行协商，探讨该选题在国外是否有市场，如果有还需要做哪些调整。在版权谈判的过程中也是如此，并非我方的意愿及图书内容对方会全盘接受，对方的修改意见我方都必须同意，而是双方在一个互动协商与对作品内容和形式进行功能性调整的过程中，共同减小因文化背景不同而带来的理念上的差异和损失。

近年来，北京地区图书对外版权贸易得到相关管理部门及出版企业的广泛重视，版权引进与输出活动异常活跃，始终领跑全国，在贯彻实施出版"走出去"国家战略中起着示范引导作用。所取得的成就有目共睹，但在某些方面尤其是版权输出方面还有一些问题尚待解决：图书版权输出总量仅占图书出版发行总量极其微小的一部分，图书版权引进大于版权输出，贸易逆差严重，输出地集中在少数国家和地区，输出品种单一，主题极其有限，版权代理制度不成熟等。这些问题严重制约着图书对外输出的健康发展。

针对北京地区图书对外版权输出存在的上述问题，本书提出以下对策供行业参考。

1. 提高图书主题的跨文化传播的适应性，避免文化冲突

图书版权输出过程中涉及的种种活动很大程度上属于跨文化传播行为，势必要经历文化价值的冲突、认同与发展。陈国明认为跨文化适应是一种博弈，跨文化传播作为人际和群体传播的一种，是在其传播过程中二者所代表的文化精神引领的一种持续的博弈过程，是两个文化体之间持续的互动过程，是指代表异文化的双方通过言语传播和非言语传播的相互交流而达到的一种平衡与共生的和谐状态。换言之，跨文化适应作为一个动态过程，旨在增加相互之间的理解、拓展彼此的尊重及延伸互相接受的空间。理解→尊重→接受是跨文化适应的发展方向。跨文化适应的本质变化是指量和质的转变。量

变是指交际者理解了彼此的文化差异,并愿意设身处地地将沟通提升到接受阶段的一种位变的过程。而质变是在从泛泛之交发展到紧密关系的转变中发生的,是由于言语和非言语交换的广度和深度的增加而产生的。❶因此,跨文化传播的适应,无论从个体还是群体角度来说,都不是一方去适应另一方,而是双方在互动的过程中不断变化,最终形成一种动态平衡。在面对文化差异时也是如此,文化差异始终存在,我们不能企图消弭文化差异,只能尽量减小因文化差异而带来的文化冲突。

图书承载着一个国家、一个民族世代相传、生生不息的文化,而文化是探索人的思维和行为法则的最为适宜的主题。文化所包含的内容庞大且复杂,来自不同文化背景的人交流时必然会产生文化冲突。因此,增强图书跨文化适应性是图书版权输出的关键。目前购买中文图书版权的地区仍然集中在东南亚地区及我国港澳台地区,欧美等异元文化区只占少数。在不违背中华文化价值观的基础上,又为西方所接受,这是构建选题类型结构及主题策划阶段非常重要的一环。

绝大多数输出版权的出版物原本只是适应中国政治经济文化方面的具体情境而创作的,而海内外读者在知识背景、阅读心理、审美情趣、接收习惯等方面存在着巨大差别,如果输出版权的图书希望在海外市场赢得有效认同,取得预期的市场效果,还需要在保留原版图书内核的基础上,密切结合版权输出地的实际情况进行二次创作。即使面对我国港澳台和东南亚等地区的华语读者,在装帧设计、表现形式等方面也需要再加工。唯有如此,我们的图书才能克服文化差异导致的"水土不服"问题。美国的《芝麻街》版权输出到中国后,制作人在保留人物形象的前提下根据中国人特有的文化欣赏习惯进行了二次创作,从而取得了良好的市场效果。这种充分本土化的策略值得我们学习借鉴。

---

❶ 陈国明,余彤. 跨文化适应理论构建 [J]. 学术研究,2012(1):130-131.

总之，对外版权输出是不同文化结构之间的交流，而且其传播过程有着特殊之处——二度编码。正因为信息的目标受众不是完全被动地接受，所以版权贸易的目标之一就是要使多种文化在冲突中达到融合，形成世界文化的多元化并存与发展。

2. 注重跨文化传播语境差异，选择恰当的信息表达

美国人类学家爱德华·霍尔（Edward Hall）在其著作《超越文化》（*Beyond Culture*）中将文化分为高语境文化（high context culture）与低语境文化（low context culture）。他认为高语境文化中信息的大部分内容需要传播参与者通过环境推测出来，而低语境文化中信息的内容则直接由所传递的语言信息表达，不需要由环境背景去推测。一般说来，低语境文化传播的特点是传播者用直接的言语方式来表达意思，有明确的意义表述和信息发出者的价值取向，而高语境文化传播是螺旋形的，即传播者采用的是间接的表达方式。

学者克斯特（J. Koester）对高语境和低语境传播方式作出了分析，认为在高语境文化环境中，表达信息的方式是含蓄的、隐晦的，在传达的内容中还包括一些暗码信息，接受者在接收到信息时很少有直接外露的情绪反应，同时在整个高语境文化环境下，同一圈子的人很容易理解接收到的信息，圈子内的人际关系紧密，但圈子外的人理解起来困难。[1]在低语境文化环境中，表达信息的方式是直接明了的，传达的内容都是明码信息，或是直接用语言就能完全表达，信息接收者对接收到的信息有直接情绪上的外露，圈子与圈子间的交流很灵活，圈子内的人际关系不密切。例如，以英语为母语的英、美、加等国，德国、瑞典及其他北欧国家即是典型的低语境国家，中国、日本等亚洲国家及非洲一些国家则是典型的高语境国家。

---

[1] LUSTIG M W, KOESTER J. Intercultural competence : Interpersonal communication across cultures[M]. New Jersey : Allyn and Bacon Boston，2003.

成功的跨文化交流建立在对两种不同文化差异的深刻认识基础上,应该从不同语境的代表性国家来探寻、解析高语境与低语境的文化差异、传播隔阂,寻找跨文化传播的有效途径。就图书对外出版而言,主要是将图书从一种文化语境向另外一种文化语境转换,其实质是不同文化之间的交流与传播。如果语境不同,即使是同一种文化也可能会有截然不同的理解,这需要进行灵活、恰当的转化,以实现不同文化之间的有效传播与交流。

受儒家、道家和佛教的影响,内隐、含蓄是中国高语境文化的特征,与以外显、明了为特征的低语境文化相比,人们在交流中更加注重语境而非内容。在从事图书尤其是文学类图书的翻译与海外传播的过程中,如果仅仅将文字表面意义进行语言转换,而不结合历史与文化背景进行翻译,则很容易让外国读者看不懂,作品原本的意义就没有有效地传达,通过图书版权输出传播极具特色的中国传统文化、让世人充分了解中国的目的就难以实现。因此,提升信息表达效果离不开了解西方文化的高水平的翻译人才,而这样的复合型人才目前数量不多,始终是困扰出版社和作家的一个难题,培养翻译人才尤其是小语种翻译人才成为今后图书版权输出的关键。

另外,图书版权输出与一般的传播过程不同,信息从传播者最终到接受者并不是一个直接的过程,中间还存在翻译和编辑的一次解码和二次编码。翻译与编辑是在不尽相同的社会背景结构下选择了自己的解码和编码立场,转换成异国文字的时候,异国的目标读者又按照本国的文化编码主动地解码,翻译者"生产"出来的思想在多大程度上完整再现原著所要表达的思想,以及这些思想在多大程度上适合目标受众的胃口,对图书版权输出的效果造成了极大的影响,原著作者想要表达和传播的思想难免有所弱化。因此,应加强对中西方文化的理解与融合,在选择理性的国际化表达方式的同时还要减少"文化折扣",确保传播效力。

3. 调整选题类型结构，优化版权输出地缘布局

传统上既有的对外输出的图书主题类型主要围绕中华传统文化，包括中医、武术、饮食及旅游等内容，近年来少儿类、文教类图书的版权输出均有大幅度提高，但是哲学社会科学和科学技术类图书的对外输出体量不足。作为提升版权输出及文化传播效果的重要一环，学术思想的层次起着举足轻重的作用，往往是提升文化软实力的集中体现，因此，在未来对外版权输出时应注重策划推介这两种类型及相关主题的图书，作为拓宽输出选择、提升传播内容层次与效果的重要方式。

与时俱进，促进中国与"一带一路"沿线国家开展贸易往来，作为文化载体的图书理应成为新亮点，借助该地区国家渴望对中华文化进一步了解的热度升温，针对特定区域与文化精准推送相关的主题。除英文版外，还要增加汉语和小语种图书的输出，提高"到达度"。有针对性的区域化输出是优化图书版权对外输出地缘结构的有效途径。

4. 调整"走出去"实施策略，适应受众本土化环境

伊灵沃斯认为，所有传播活动都含有某种程度的文化差异，因此解释跨文化传播应该从解释人际传播开始，且必须考虑文化因素。伊灵沃斯的理论一再解释传播者在有目的的传播中进行调整以互相适应的方法。如果双方目标不一致，而且环境仅仅对传播的一方有利，或传播的一方较强势，另一方就会感到压力，双方处于不平衡的状态，则不利于传播的有效进行。[1]

中国图书海外传播要走调整与融合道路，既重视本国的优秀文化传统，又注重吸收或利用目的国的文化资源，以受众易于接受的方式走进当地市场，"讲好中国故事"。具体地，政府部门应该培育对外传播知名企业，鼓励各种

---

[1] ELLINGSWORTH H W. Adaptive intercultural communication [M] // GUDYKUNST, W B. Intercultural communication theory. Beverly Hills: Sage, 1983: 202.

所有制的出版企业通过合作、收购、新建等方式到境外投资兴办实体，参与国际资本运营和出版市场竞争；拨出专项资金，重点扶持外向型出版企业，鼓励企业开拓国际市场；搭建版权公共服务平台，完善版权交易保护体系，培育版权资本要素市场；支持出版企业及版权代理机构参加大型国际展会和出版交流活动。出版企业应该结合自身出版方向，依托首都优势资源，大力拓展国际出版合作的广度和深度，开发出具有品牌影响力的本土化主题图书产品线；建立海外分社，与外方共建图书出版中心，合建文化交流平台，用本土化的方式展现中国价值的内核。

国际出版业的发展经验证明，只有本土化才能真正实现国际化。要充分发挥中国拥有丰富内容的资源优势，发挥海外出版机构了解市场、掌握渠道的先天优势，依据本地的真正需要，以本土的思维方式、阅读习惯出版更多反映中国和中华文明的图书，并使其通过海外主流渠道真正走近海外读者。

总之，应做到因地、因时和因势开展对外版权输出贸易，适时调整输出方法，选择真正具备国际市场潜力、适合外国读者阅读心理的国际化主题的产品，以及能与对方的出版品种形成互补的文化产品，并及时输送出去，从而进一步增强图书版权输出的传播效力。

三、结语

近年来北京地区出版单位图书版权贸易的体量、地域、主题虽然发生了新的变化，但仍然需要不断优化，在翻译质量、选题本土化、海外市场的开拓、版权数字化交易平台、专业化版权代理人才与代理机构等方面均有很大的提升空间。研究表明，中国图书的对外出版和传播与西方出版大国相比，在传播广度、传播实力及传播效果等方面均存在差距，而这些问题的背后反映的是文化影响力的差距。实施国家发展战略和面对激烈的市场竞争，如何推进版权贸易尤其是版权输出工作的开展，以提高竞争力和中华文化对外影响力等问题值得关注和思考。

需要指出的是，"图书的版权输出是中华文化的输出，这种输出也必然是以某种价值认同为前提和基础的"。[1]中国图书与文化"走出去"的过程中要获得世界各个地区受众的接受与认可，实现期望的传播效果，就一定要充分了解国外受众的意识形态形成的历史渊源、心理文化背景，在此基础上选择合适的话语，确保在内容及形式上赢得认同，从而建立"互惠性理解"，实现构建跨文化传播关系的可能性。

基于跨文化传播适应理论、调整理论、高语境、低语境及编码和解码等基础理论及观点，研究我国图书版权输出过程中需要规避或注意的问题，在考量文化共性的同时，应更加关注不同文化的差异性。要促成中文文字作品"编码"在不同文化语境中得到良好的"解码"过程，在选题、编辑、翻译、封面设计等方面必须尽量减少影响跨文化传播的各种要素，如减少文化产品中过强的本土民族意识，增加与其他民族文化的亲和力，在选题策略和文化传播内容上遵循国际化标准的同时立足于本土文化土壤，保持自身的民族特色。

版权贸易文化功能的体现较为间接却影响久远。随着越来越多的国内图书成功向海外输出，近年来中国图书"走出去"的热度不断升温，中华文化又一次以自身的独特魅力激起了世界的浓厚兴趣。业界专家指出，顺应世界的发展潮流，通过图书等形式积极向海外推介和弘扬优秀的中华文化，是我国文化产业发展的需要，也是"讲好中国故事"的重要手段。出版是营造中

---

[1] 鲜汪娟.中国图书版权输出时面临的价值认同研究[J].新闻研究导刊，2015（9）：132.

国文化氛围的最佳途径之一，通过这种直观的方式，在媒介信息和受众知识体系的交互中，海外受众对中国国家形象的认知将不断更新与完善。

　　作为首都的北京承载着古老而优秀的中华文明，作为国际化现代大都市，是世界瞩目的焦点。与国内其他省、市、地区比较，北京拥有巨大的出版资源及优势，理应担当且正在担当着"走出去"的开路先锋。北京地区的出版企业和出版工作者有责任、有义务将中国文化、中国价值通过图书传播出去，为世界各国读者提供服务。

第四章　北京地区图书版权代理机构的总体情况

一、北京地区版权代理的作用与发展

在出版产业发达的国家，畅销书的缔造往往和文学界的专业"推手"有千丝万缕的关系。一个默默无闻的作者，他的作品有可能获得巨大的成功，也有可能就此沉寂，很多时候，命运的分岔可能只取决于能不能遇到一个优秀的经纪人。

100多年来，现代文学经纪人已成为英美现代出版生产机制中重要的角色。如今，在美国的大众图书出版市场，超过90%的书是通过经纪人的推介而得以顺利出版发行的，作者逐渐失去与出版商直接接触的机会。经纪人已成为作者与出版商之间的"润滑剂"。许多风靡全球的作品，如J. K. 罗琳的《哈利·波特》和丹·布朗的《达·芬奇密码》，都是作者首先联系文学代理公司或者经纪人，通过他们与出版社的沟通、专业化谈判与市场化运作等，作品一问世就大获成功。正如贝塔斯曼集团的出版人克劳斯·艾科所说："每个作者，如果他能够与一个经纪人联系，并通过这条路找到某一个出版社，那么他就是聪明人。"

（一）版权代理的作用

1. 版权代理

版权代理就是版权代理人受著作权人的委托，以被代理人的名义代理解决转让或授权使用其作品著作权及相关事务。图书版权代理人是连接作者和出版商的中间机构或个人，他们与作者签署版权经纪合同，帮助作者寻找作品出版和发表的机会，从而获得一定的收益。

图书版权代理人亦称版权经纪人或文学经纪人，这个起源于英国的职业至今已有100多年的历史。最早的从业者一般认为是亚历山大·坡洛克·瓦特（Alexander Pollock Watt）。1875年，他在伦敦开业后受到作者和出版商的欢迎。从此，文学经纪人如雨后春笋般地出现了。

瓦特也是向作家要求佣金的第一人。他定下标准：作家要支付给他书籍发行后收入的10%。在德国，人们一开始认为文学经纪人是社会所不需要的，因此当伦敦建立第一个经纪人事务所时，德国（威廉皇帝时代）引入了第一部版权保护规定。

如今在西方，作者写出一本书后，绝不意味着可以出版，更不意味着可以成为畅销书，没有经纪人很难出书。因此，在图书博览会上，除了书商、作者、读者和记者外，也能看到很多文学经纪人的身影。

2. 图书版权代理人的作用

有业内人士认为，版权代理人是站在畅销书背后的"巨人"。在一些出版业发达的国家，一部文学作品的成功，很大程度上要归功于经纪人的运作。经纪人不但能以伯乐的身份帮助具有写作才能并渴望作品为世人接受的业余作者成为能够体面生活的职业作家，也可以为知名作家争取到更令人满意的酬劳和更持久的影响力。

（1）挖掘作者资源

作为版权代理人，首要的工作就是发掘作者资源，这是版权代理人最主要的工作，也是最基本的业务。如同影视和音乐行业的"星探"一样，版权代理人则是"书探"，他们发现有潜力的作者，与其签订经纪合同，对作者进行包装，再从中收取回报。

挖掘作者渠道有两种：一是从初获成功的作者中选择，如汤姆·克兰西的处女作问世后，以其独特的高科技惊险情节吸引了一大批读者，受到数十家出版经纪公司的重视，这些经纪公司纷纷游说汤姆，争夺委托代理权；二是从创作新手中寻找客户。对一个出版经纪人来说，如果能发现一个有着鲜明写作风格、高超写作技巧、巨大市场潜力的"新秀"并代理其作品，无疑会获得巨大的成功。成功的出版经纪人必须要有独到的眼光，不断发掘和培养新的明星作者。如果没有经纪人克利斯托弗·利特尔（Christopher Little）的运作，J.K.罗琳就很难凭借一己之力让哈利·波特系列图书风靡全球。

（2）负责处理相关版权事务

根据经纪合同的约定，版权代理人负责处理与作者有关的版权事务，包括寻找出版商、出版合约谈判、市场推广安排等。这样可以使作者从繁冗的事务工作中解脱出来，节省时间和精力，专心创作。

与西方国家成熟的版权经纪制度相比，中国作者的创作和发表过程要辛苦得多。一些知名作家在创作过程中可能会不断受到出版商的打扰；普通的作者，辛苦写完书稿后还要花费大量精力、时间寻找出路。正如作家李修文所言："作家的工作是写作。作家与经纪人是两个不同的职业，应该分工不同。改编影视剧和谈判是经纪人的事。如果让一个作家去面对，对他的写作是一种伤害。"❶

作家麦家对媒体说，他曾对版权代理一无所知，即便他本人愿意承担翻译费用，也不知道该从何处着手输出自己的作品。他的《风声》《解密》现已走出国门，《解密》被著名的"企鹅经典文库"收录，成为中国第一部进入该文库的当代小说，还被英国《经济学人》杂志评为"全球年度十佳小说"，被

---

❶ 网易商业报道.营销故事：作家的经纪人 [EB/OL].（2004-06-09）[2021-04-05]. http://biz.163.com/40609/1/0OEBVM6100020QE5.html.

《每日电讯报》选入"全球史上最佳20部谍战小说",这些都与其版权经纪人成功的专业化运作分不开。

对于像胡赛尼这样腼腆且不喜欢抛头露面的作家来说,其作品的版权代理人显得更加重要,经纪人替作家打理出版和版权事务,把他们介绍给出版社和读者。与《追风筝的人》类似,《穿条纹衫的男孩》《岛上书店》《风之影》等畅销小说的作者,从籍籍无名到世界文坛知名,版权代理人都起到了关键性的作用。

(3)帮助作者获得最大回报

作为经纪人,版权代理人应该为其代理的作家争取最大化利益。例如,对重要书稿采取招标方式选择出版社,提高作者的预付版税。在西方,通过出版经纪人的努力,目前非文学作品的版税价格有时达到一两百万美元,某些很畅销的科技类出版物也可以达到上百万美元,而一部好的文学作品则经常高达几百万美元。出版界内动辄几百万美元的预付版税绝不是按传统版税支付方式所能达到的水平,出版经纪人对作者版税收入的提高具有不容忽视的作用。1971年,售出1100万册的《大法师》预付定金仅为2.6万美元。而哈里斯以75万美元的价格将《沉默的羔羊》出售给圣马丁出版社后,在经纪人杰罗克的帮助下,将另外两种既无纲要又无书名、尚在构思的小说以525万美元的价格售出。❶

自20世纪80年代以来,在版权经纪人的运作下,西方出版界预付版税超过100万美元的图书屡见不鲜,有的预付版税甚至高达800万美元。1995年,兰登书屋预付给鲍威尔将军回忆录的出版权定金为650万美元;通用电器公司总裁的回忆录仅在北美发行的版税价格就达728万美元;西蒙与舒斯特公司预付给希拉里写回忆录的费用是800万美元❷。美籍阿富汗小说家胡赛尼的

---

❶ 夏红军.西方出版经纪人发展现状初探[J].出版科学,2006(3):23.

❷ 杜恩龙.国外的出版经纪人[J].出版广角,2002(8):63.

《追风筝的人》全球畅销10余年，累计销量达3200万册，超过包括《飘》在内的众多文学经典。在中国，它以500多万册的销量成为近10年来在亚马逊、当当、开卷等畅销书榜上停留时间最长的文学类图书之一。作者胡赛尼海外版权的经纪人钱德勒·克劳福德女士在其中居功至伟。

在很长一段时间里，中国作家多数是自己周旋于各个出版机构之间，商谈出版待遇，遇到版权输出的问题，更会因语言不通、不懂版权知识而陷入困境。如今，越来越多的中国作家开始体会到经纪人带来的好处，他们的出现解放了这些作家，使其能更专注地投身于单纯的写作之中。作家阿来的《尘埃落定》、麦家的《暗算》及刘欣慈的《三体》是国内作家借助版权代理在国际上取得巨大声望与不菲经济利益的典范。

据估计，近年来取得很大成就的文学书籍85%是通过经纪人的介绍诞生的。一般来说，在国外，一家出版社平均每年收到稿件1500份以上，编辑们不太可能阅读所有的稿件，但经纪人的介绍却非常受编辑们的重视，因为出版社的编辑们知道这些经纪人已经认真审读过了他们推荐的稿子。

综上，作家经纪人的工作贯穿整个作品的出版流程：努力促成作家与出版社签约出版，配合出版社做好宣传推介工作，维护作家的利益，协调作家与出版社等的关系，为作家争取各方面最大化的权益。对作家而言，如果能够将全部精力放在创作上，把市场调研、挖掘卖点、联系出版社、签约谈判、催要版税及后期宣传推广等烦琐工作交给熟悉这一切的专业作家经纪人，则是最理想的状态。

（二）北京地区版权代理的历史与发展

北京是我国版权代理开展最为活跃的地区。北京国际图书博览会业已成为我国版权交易的重要场所；国有版权代理机构如中华版权代理总公司、北京版权代理有限责任公司等在北京地区的版权贸易中起着非常重要的中介和桥梁作用;民营版权代理公司、外国出版机构驻中国代表处等大部分也在北京。这些版权代理机构的存在和运营为北京地区开展版权代理工作提供了国内其他地区无法企及的信息优势、资源优势和人才优势。

北京地区版权代理的发展大致可分为三个阶段。

第一阶段(1978—1990年)为版权代理的酝酿时期。这一时期北京地区版权代理的主要特点为:向国外出版同行学习多,彼此达成的交易量少;版权输出数量大于版权引进数量;版权代理机构少,法律保障措施亟待健全。1988年成立了国内首家国家级版权代理机构——中华版权代理总公司,隶属于中国版权保护中心。北京版权代理有限责任公司成立于1998年,是唯一一家股份制公司,股东为北京版权保护协会、北京广播电台、北京电视台和北京科文国略信息技术有限公司。从此,北京地区开始有了正规的版权代理机构及版权代理活动。

第二阶段(1990—2000年)为版权代理的发展时期。这一阶段国家出台了《中华人民共和国著作权法》(1991)、《计算机软件保护条例》(1991)、《著作权法实施条例》(1991)等法律法规,并且加入了《保护文学和艺术作品伯尔尼公约》(1992)和《世界版权公约》(1992)。国家版权局在此期间批准了20多家版权代理机构从事版权代理工作。北京国际图书博览会(1986年举办首届)逐渐成为国内版权交易的主要市场,影响日益扩大。根据国家版权局统计的数据,2000年全国图书版权代理业务为1289项,其中1033项为北京地区代理机构完成,约占全国总量的80%。❶ 可见,这一时期北京地区版权代理机构在全国版权贸易工作中起着举足轻重的作用。

这一时期北京地区版权代理的主要特点为:法律体系逐步完善,并开始与国际接轨;版权引进数量大于版权输出数量;版权代理机构开始增多,但

---

❶ 数据来源于国家版权局官方网站。

代理业务仍然集中在少数国有代理机构,主要包括中华版权代理总公司、中国图书进出口(集团)总公司版权代理部及北京版权代理有限责任公司;北京国际图书博览会成为全国版权交易的主要场所。

第三阶段(2001年至今)为版权代理的勃兴时期。这一阶段,国家修订了《中华人民共和国著作权法》(2020)、《中华人民共和国著作权法实施条例》(2013),颁布了《著作权集体管理条例》(2004)、《信息网络传播权保护条例》(2006),开始日益重视各类型作品的版权保护。2003年起各出版机构开始进行事业转企业的改制工作,同时伴随着"走出去"战略的实施,版权代理日益活跃。各类型的版权代理机构开始涌现,竞争日趋激烈。其间盗版猖獗,国有版权代理机构受到国内外的双重压力。

这一时期北京地区版权代理的主要特点为:立法工作更加完备,注重各类型作品的版权保护;出版代理日益活跃;版权输出数量逐年增加,贸易逆差进一步缩小;一些出版社开始走出国门,在国外建立了出版机构;受到国际及国内民营版权代理的冲击,国有版权代理机构面临很大压力。

二、北京地区图书版权代理机构存在的问题与对策

(一)北京地区版权代理的现状

截至2002年年底,国家版权局批准成立的版权代理机构共有28家。其中,除中国电视节目代理公司代理电视节目、中国电影输出输入公司和北京天都电影版权代理中心代理电影、九州音像公司版权部等代理音像外,其余23家均逐鹿于图书出版领域。在北京地区,比较活跃的国有版权代理机构有中华版权代理总公司、北京版权代理有限责任公司、中国国际图书贸易总

公司版权部等。与此同时，随着版权代理规模的日益扩大，一些民营工作室也参与其中。同时活跃的还有一批国外出版机构的国内代表处及其国内联络人员，他们大多数活跃在北京等地区，与国有版权代理机构一道构成了北京地区版权代理的主体。版权代理机构已经呈现多元并存的发展格局，各种代理机构与出版社开展版权代理时出现相互交叉融合的特点。版权代理主体已经突破国家所有制的界限，各种所有制形式的版权代理机构在版权代理和出版活动中相互渗透，不仅为图书版权，甚至为影视、音乐等多种媒体形式的版权开展代理业务；运作方式以市场需求为落脚点，各类机构活动相互渗透。这些情况说明，版权代理面对的作品市场十分广阔，但版权管理需要强化主渠道建设，加强规范化建设。

1. 国有版权代理机构

北京地区国有版权代理机构主要有中华版权代理总公司、北京版权代理有限责任公司、中国图书进出口（集团）总公司版权代理部和中国出版对外贸易总公司版权事务部，其中中华版权代理总公司是唯一一家国家级的版权代理机构，属于享受国家差额补贴的事业单位。

作为我国最早的版权代理机构，1988 年成立的中华版权代理总公司的业务领域主要包括代理洽谈和签订各类作品的版权引进和输出使用合同；代理各类作品的使用方式和附属版权的授权使用许可；接受作者和作品使用者委托，代理收取和转付版权使用报酬；代理作者联系作品的发表和出版，调解版权纠纷，代理版权诉讼，受权利人委托以法律途径追讨版税；组织国内外版权贸易洽谈、交流和考察活动；提供法律咨询与服务，代理起草、修改、审查版权和出版法律文书，担任版权法律顾问；提供各种版权、版权贸易、著作者和作品信息服务等。

北京版权代理有限责任公司成立于 1998 年，是由北京版权保护协会联合多家单位共同投资成立的一家股份制公司，主要业务涉及图书、音乐、电影电视、多媒体和网络作品。1998年，北京版权代理有限责任公司与美国大苹果代理公司签署备忘录，成为大苹果公司在华版权的唯一代理人。

中国图书进出口（集团）总公司（以下简称中图公司）版权代理部成立于1999年，是隶属于中国图书进出口（集团）总公司、专门从事海内外版权贸易的专业代理机构，其代理的图书涉及多个领域，尤以建筑和医学类图书居多。中图公司版权代理部依托中图公司与海外客户长期的良好关系，与多个国家及我国港台地区的400多家出版社建立了合作关系，自成立以来，每年接受委托近2000项。

这些版权代理公司的业务人员都不多，其中中华版权代理总公司的业务员为8人，北京版权代理有限责任公司业务员为10人左右。各代理公司多代理美、英、德、法、日、韩、俄、意等国家和我国港台地区的业务。

比较而言，国有版权代理的最大特点是横向联合。保持良好运转的机构多实行"一主多副"，通过市场运作或行政手段，有一些其他方面的业务补充。如中华版权代理总公司的常务副总经理同时兼任中国版权保护中心常务副主任，保护中心除了版权代理，还有著作权登记、著作权使用报酬收转、著作权法律服务、著作权鉴定等众多职能。国有版权代理机构的运行机制通常是市场运作与政府职能并存。

2. 民营代理机构或工作室

随着我国大力发展文化产业和出版体制的改革，越来越多的民营资本进入文化出版领域，曾经一度"在夹缝中生存"的民营书商也有了更多的活动空间。经过20多年的大浪淘沙，一批有素养、有追求的民营出版商脱颖而出，他们改变了以往散兵游勇式的"作战"方式，采取图书工作室和文化公司的方式运作，有的出版码洋已达数亿元。他们人员精干、决策灵活，可以随时根据国家政策或市场情况调整经营方向，并渗透到出版的每一环节。在北京地区相继出现了一些规模较大和具有影响力的民营企业，如北京读书人文化艺术有限公司、北京华章图文信息有限公司、北京众合诚成知识产权代理有限公司等。由于民营企业无法进行文化产品的出版，除了联系版权，他们多以图书工作室和文化公司的名义与出版社合作，进行图书的策划、组稿、编辑、设计、制作和营销发行等工作。

这些民营公司在中国市场成功代理运作了多部图书，如曾经风靡一时的《富爸爸穷爸爸》系列、《谁动了我的奶酪》等，这两部作品都是北京读书人文化艺术有限公司引进的。读书人凭借畅通的信息渠道和对市场的关注发现这两部作品长时间占据着美国图书排行榜靠前的位置，结合中国刚刚加入世贸组织和社会经济蓬勃发展的现实情况，他们认为这两部作品是"正确的书出现在正确的时候"。引进《富爸爸穷爸爸》一书时，在与美方的谈判中，他们起草的一份厚达30页的项目建议书吸引了美方的目光，最终脱颖而出。在出版过程中，读书人对出版市场进行了充分论证和全方位的广告营销，为图书的成功发行打下了良好的基础。现在，读书人的业务涉及多个图书专业领域，已经相继推出了欧美市场的多部作品，他们在很多国家安排了联络人，能在第一时间获取国外的出版信息。

这类出版企业既拥有民营图书企业人员精简强干、管理制度灵活的优势，又依托着出版社的坚实背景和国际资本的优势渠道，在版权引进和出版方面争得了一席之地，取得了一定成就。

总体来说，目前这类版权代理的民营工作室还不多，因"富爸爸"项目成立的北京读书人文化艺术有限公司虽然成功运作了"富爸爸"与"奶酪"，但这两部作品的版权许可仍是由出版社牵头获得的。与国有版权代理机构运行态势比较，民营版权代理呈现纵态发展趋势，即数量逐年增长，但是规模及业务范围有限。

成立于1998年的梁晶工作室是北京地区值得一提的民营版权代理工作室。有感于当时国内经济学教材相对落后，工作室决心把西方经济学教科书引入国内。工作室正式成立之前就开始组织翻译和出版国外优秀的经济学著作。目前，工作室主要业务为引进国外一流的经济学教材和邀请世界著名经济学家来华讲课。

与人民大学出版社进行合作，工作室每年引进30余种经济学类教材。工作室负责图书的选题、翻译、编辑和制作，直到印刷的前一环节，印刷、发行和销售则由人大社负责。为了维护和建立自己的品牌，工作室并不刻意追求畅销书。由于起步早，且专做经济类教材，形成了独特的品牌，该工作室取得了许多经济类好书的版权，在竞争中逐渐建立了较强的实力。

工作室的经营方式和理念也有独到之处，它没有按商业属性为工作室定位。也有人称，梁晶工作室就是经济学家俱乐部，几乎每个月都有国外专家来华讲座。不少经济学界的泰斗人物，如《经济学》的作者斯蒂格利茨、《经济学原理》的作者曼昆、《电信竞争》的作者拉丰等都曾被工作室邀请到中国做学术报告。这些活动极好地促进了图书的发行。由于把美国经济学家曼昆请到国内各高校做讲座，其专著《经济学原理》在开机之前订数就达到6万册，现在已经销售10万册以上。对于学术类专著来说，这样的销售业绩并不多见。

3. 网络版权代理机构

网络版权代理主要是指权利人将自己的作品版权以互联网为媒介委托给代理人，它是随着互联网的发展而逐渐发展起来的新兴版权代理方式。第一家从事网络版权贸易的专业网站是"国际版权在线"（www.rightscenter.com），它是1999年由美国一些既具备网络经营管理经验又深谙出版业务的专家和业内人士发起创建的"国际版权在线"公司（Rightscenter.com，Inc.）设立的。

网络版权代理机构的诞生是网络技术与出版信息交流、版权贸易结合的产物，反映了当代国际版权贸易的最新发展趋势及新颖的操作理念和运作方式。它不是普通的商业性营销宣传网站，也不同于一般的版权代理机构，而是为出版商、文学经纪人、版权代理机构、"书探"、作者等全体出版业内人士提供的一个公布最新出版信息、展示各自图书产品、广泛进行版权交易的网络平台。❶

目前，北京地区的网络版权代理机构主要有两种。其一是完全以互联网为平台的专业版权代理公司，如中华版权网和京华传媒网。中华版权网是中国第一个权威的、专业的、系统的版权门户网站。中华版权网主要设有版权供应、版权需求、版权拍卖、版权咨询等版块。它主要提供海外版权引进信息和国内版权对外推广服务，为国内出版社、报刊社征稿，为著作者提供推荐作品等版权代理服务。其二是传统版权代理公司在网络上的延伸，如中华版权代理总公司建立的版权网站和北京版权代理有限责任公司网站等。这类网站的建设多数还不够完善，网站信息不能及时更新或者信息不够完整，网站只是作为公司的一个门户，实际交易功能并未体现出来。

4. 国外在京版权代理机构

国外出版机构在北京地区设立的代表处主要从事版权代理、原版书销售、与中国出版社的合作出版、了解中国的出版市场信息等业务。由于外国出版机构不能直接进入中国出版领域，这些外国出版机构代表处的一个重要作用就是开展版权贸易。

国外版权代理机构主要有三类。一是国外出版机构的代表处，包括出版集团、教育机构等，如贝塔斯曼、剑桥大学出版社、麦格劳-希尔出版集团、约翰威利父子出版公司、培生教育出版集团等。二是专业版权代理公司代表

---

❶ 刘大馨.从"国际版权在线"谈网络版权贸易[J].大学出版，2000（3）：45.

处,如英国安德鲁·纳伯格联合国际有限公司、韩国信元版权代理公司、大苹果公司等。三是外国律师事务所驻京办事处,如法国律师事务所驻京办事处。在京设立版权代理机构的国际出版企业一般实力雄厚,他们在北京设立代表处主要是看重中国庞大的消费市场,一方面进行版权代理,另一方面起到联络沟通的作用,为中国出版市场的培育打下基础。

这些国外版权代理机构虽然成立时间都不长,但是取得了较好的市场成绩。1997年成立的DK公司北京代表处,每年有50~100本书在中国出版。其在中国畅销的图书除接力出版社的《妈妈宝宝护理大全》外,还有外研社的《ELT多级阅读》、北京少年儿童出版社的"透视眼"丛书、童趣出版有限公司的"视觉奇观"系列、中国摄影出版社的《全新摄影手册》等。

美国麦格劳-希尔教育出版公司1999年在北京设立代表处,北京代表处的主要工作包括授权出版、管理英文读物再版及协调共同出版中文版读物。该代表处服务于一些专业出版领域,其中包括高等教育、职业发展、医学和英语语言教学读物。围绕版权贸易与教育服务,麦格劳-希尔目前已与机械工业出版社、清华大学出版社、人民邮电出版社、电子工业出版社等多家出版机构建立了合作关系,开展版权授权出版业务。

约翰威利父子出版公司于2001年在北京设立代表处,历经20多年的发展,团队不断壮大。多年来约翰威利父子出版公司一直与中国很多出版社保持紧密合作,输出大量图书版权,致力于将国外优秀著作引进到中国大陆,仅2009年一年与中国的出版社合作图书品种数就多达400余种。在众多合作项目中,《股市晴雨表》《巴菲特如是说》《美元大崩溃》等著作得到广大读者的赞誉。

安德鲁·纳伯格联合国际有限公司北京代表处成立于2002年7月,主要负责联络和处理中文简体字版权事宜,为中国出版社提供及时有效的版权信息服务。2003年1月,随着安德鲁·纳伯格联合国际有限公司中国台北代表处的成立，公司实现了包括中国大陆、中国台湾和香港地区，两岸三地更加完善的中文简体字版和繁体字版授权服务。

韩国信元版权代理公司是韩国老牌的版权代理公司，主要代理影视书、漫画、儿童书等。它将韩国的畅销书《那小子真帅》等引进中国，和中国40余家出版社建立了合作关系。韩国信元版权代理公司于2003年设立了北京代表处，希望通过设立北京代表处把全世界更多、更优秀的作品介绍到中国来，并把中国的优秀作品推广到世界各国，从而让世界人民更加了解中国，也让中国人民可以进一步放眼世界。

综上，版权贸易已成为出版企业追求的"新的经济增长点"，越来越多的出版机构愿意把版权的引进和输出交给专业版权代理机构来做。由于它的非营利性，能够起到一种平衡与稳定版权市场交易的作用，版权贸易市场的繁荣需要版权代理商支撑。目前北京地区版权代理人机制还不健全，极大地制约了版权贸易的发展，在版权贸易中无法为出版社提供更有力的支持，版权代理制度亟待完善。

（二）北京地区版权代理的对策

1. 扶持建立内生性版权代理机构，改善版权代理市场环境

国际经验证明，那些自发的内生性非政府组织（NGO），如美国作曲家、作家和发行商协会（ASCAP）等作为公益性的版权代理机构，能够很好地维护成员的权益，协调各种纠纷，制定各种规范。这些联合体由于规模大、有权威性，又是公益性组织，所以能够很好地消解行业的商业化倾向及与商业化公司的恶性竞争。这样的非营利性代理机构也更愿意帮助严肃作家和非主流作家的作品获得更多在海外传播的机会。

2. 加快改制步伐，促进版权代理业快速发展

版权代理机构是在版权市场发展过程中发展壮大的，是出版业及相关产业开展版权贸易的重要环节，并且已经开始担任国际版权贸易的桥梁和纽带的角色。国有版权代理机构应建立现代企业制度，并与主管行政单位脱钩，成为独立经营、自负盈亏的市场主体，充分参与市场竞争，一改目前机构经营机制不灵活、业务范围单一等弊端。

政府部门还应尽快出台相应法律法规，为民营版权代理机构的发展提供法律依据，放宽政策，鼓励民营资本成立版权代理公司，为其提供资金和税收方面的支持，壮大版权代理队伍。总之，只有在经营体制适应市场体制发展的情况下，版权代理机构才能实现健康、快速发展。

3. 实行准入制度和职业认证制度，使版权代理职业正规化

版权代理人才是版权贸易运作的基础，版权代理人才的质量和数量直接影响到版权贸易的发展。国家相关管理部门可设定并出台"版权代理人资格认证制度"，统一对版权代理从业人员进行培训、管理，加快培养一批具有政治理论修养、外语水平高、通晓法律知识、具备谈判能力和国际化市场开拓经验的复合型版权代理人才。

2015年版《中华人民共和国职业分类大典》（以下简称《职业分类大典》）中首次纳入"版权专业人员职业"，反映了社会发展对于版权服务工作的需求。《职业分类大典》将"版权专业人员职业"作为"知识产权专业人员"小类下的细分职业，并明确将其定义为：从事版权登记、交易、代理、咨询服务的专业人员。其工作任务包括：进行作品登记、版权合同备案、质权登记及作品保管；进行版权咨询、法律服务；指导版权交易和交易代理业务；指导版权贸易业务。这为北京地区规范版权代理机构及代理人职业提供了可行性依据。

4. 成立版权代理行业协会，规范版权代理市场竞争秩序

版权行政管理部门要支持和鼓励各类自律性、维权性版权组织或版权行业协会的建立健全；支持和鼓励版权行业协会和中介组织按照版权保护与商业利用的自身规律建立相关行业组织机构，从而完善自我保护、自我约束、自我发展的工作机制。同时，相关管理部门还要加强对版权行业协会和中介组织的监督、指导，引导它们朝着功能社会化、服务产业化的方向发展，使其成为独立公正、规范运作、维权服务的重要力量。为此，管理部门应该着力完善著作权集体管理组织管理条例，制定著作权代理机构管理办法，以确保版权代理行业的健康发展。

三、结语

版权代理作为出版业发展和版权输出的重要一环，在西方发达国家出现很早，并且发挥了重要的作用。北京地区版权代理虽较国内其他地区发展起步较早，但受多种因素影响，发展一直比较缓慢，在出版及版权输出中没有发挥足够的作用。

版权代理对外进行版权输出，不仅能为国家带来巨大的外汇收入，成为新的经济增长点，更重要的是版权输出的文化产品能够发挥长期的、潜移默化的作用。目前北京地区版权代理制度的提升空间还很大，需要进一步完善，以促进行业良性发展。

参考文献

[1] 张贺. 中国出版大步往外走 图书年输出版权超万种 [EB/OL].（2015-05-22）[2019-08-21]. http://media.people.com.cn/n/2015/0522/c40606-27039020.html.

[2] 杜明业，王炳炎. 曹文轩作品海外传播及其启示 [J]. 科技与出版，2017，36（5）：106.

[3] 毛毛. 我的父亲邓小平："文革"岁月 [M]. 北京：中央文献出版社，2000.

[4] 张经浩，陈可培. 名家名论名译 [M]. 上海：复旦大学出版社，2005.

[5] 聂震宁. 出版业在中国形象构建与创造中的作用 [J]. 出版广角，2019（9）：5.

[6] 中国教育出版传媒股份有限公司. 中国教育图书进出口公司签署《三体》英文图书版权合作协议 [EB/OL].（2012-07-22）[2019-10-29]. http：//www.cepmh.com/2012/0722/322.shtml.

[7] 邓香莲，曾湘琼.《水煮三国》是怎样"烹调"出来的 [J]. 编辑学刊，2006（3）：59-63.

[8] 李蔓. 图书贸易与经济文化的发展和交流 [J]. 国际贸易问题，1998（2）：55-58.

[9] 周蔚华. 从出版物的双重属性看出版者的社会责任 [J]. 中国出版，2004（9）：13-17.

[10] 赵启正. 善于"俘虏"他人的"说道"——序《版权贸易十一讲》[J]. 中国出版，2011（3）：77.

[11] 杨彬，李素杰. 江户以前中国小说东传日本的阶段性特征 [J]. 中国文学研究（辑刊），2010（6）：358.

[12] 国家版权局. 邬书林出席"第十一届输出版、引进版优秀图书"颁奖典礼 [EB/OL].（2012-09-03）[2019-11-02]. http：//www.gapp.gov.cn/govpublic/1019/83477.shtml.

[13] 陈国明，余彤. 跨文化适应理论构建 [J]. 学术研究，2012（1）：130-138.

[14] LUSTIG M W, KOESTER J. Intercultural competence：Interpersonal communication across cultures [M]. New Jersey：Allyn and bacon Boston，2003.

[15] ELLINGSWORTH H W. Adaptive intercultural communication [M] // GUDYKUNST W B. Intercultural communication theory. Beverly Hills：Sage，1983：202.

[16] 鲜汪娟. 中国图书版权输出时面临的价值认同研究 [J]. 新闻研究导刊，2015（9）：132.

[17] 刘大馨. 从"国际版权在线"谈网络版权贸易 [J]. 大学出版，2000（3）：45-46.